CRONOBIOLOGIA
DA VENDA

PEDRO CAMARGO

CRONOBIOLOGIA DA VENDA

A **hora certa de vender**
é quando o cérebro
quer comprar

astral
cultural

Copyright © 2020, Pedro Camargo
Todos os direitos reservados à Astral Cultural e protegidos pela Lei 9.610, de 19.2.1998. É proibida a reprodução total ou parcial sem a expressa anuência da editora. Este livro foi revisado segundo o Novo Acordo Ortográfico da Língua Portuguesa.

Produção editorial Aline Santos, Bárbara Gatti, Fernanda Costa, Jaqueline Lopes, Mariana Rodrigueiro, Natália Ortega, Renan Oliveira e Tâmizi Ribeiro
Revisão de texto Luciana Figueiredo
Capa MOV e Aline Santos

Dados Internacionais de Catalogação na Publicação (CIP)
Angélica Ilacqua CRB-8/7057

C181m
    Camargo, Pedro
        Cronobiologia da venda / Pedro Camargo. — Bauru, SP : Astral Cultural, 2020.
        176 p.

        Bibliografia
        ISBN 978-65-5566-021-0

        1. Vendas 2. Vendedores 3. Negócios 4. Ritmos biológicos
    I. Título

20-2403   CDD 658.81

Índices para catálogo sistemático:
1. Vendas

 ASTRAL CULTURAL É A DIVISÃO LIVROS DA EDITORA ALTO ASTRAL

BAURU
Av. Nossa Senhora de Fátima, 10-24
CEP 17017-337
Telefone: (14) 3235-3878
Fax: (14) 3235-3879

SÃO PAULO
Rua Helena 140, sala 13
1º andar, Vila Olímpia
CEP 04552-050

E-mail: contato@astralcultural.com.br

SUMÁRIO

PREFÁCIO 7

INTRODUÇÃO 15

    Você em sincronia com o seu cliente 24
    O ciclo circadiano 29
    Cronotipo 34
    Horário comercial e *jet lag* social 42
    Take your time, tudo a seu tempo 55
    Atenção, engajamento emocional e memória 60
    Descubra o cronotipo 74
    Descubra o cronotipo do seu cliente 82
    A melhor hora para vender 87
    A melhor hora para mandar um e-mail 98
    A melhor hora para a *cold calling* 109
    A melhor hora para fazer uma reunião..................... 114

A melhor hora para
um almoço ou jantar de negócios 119
A melhor hora para fechar negócio 130
A melhor hora para
o cliente se lembrar de você 139
A melhor hora para
estimular uma compra por impulso 145
A melhor hora para postar conteúdo 151
A melhor hora para fazer uma apresentação 156
A melhor hora para trabalhar 163

REFERÊNCIAS BIBLIOGRÁFICAS 168

PREFÁCIO

Quando estudamos a administração do tempo, uma coisa que descobrimos rapidamente é que tempo não é administrável. Tempo passa do mesmo jeito para todo mundo. Por mais organizado que você seja, seu dia vai continuar tendo as mesmas 24 horas que as de todo mundo, cada hora terá 60 minutos, cada minuto terá 60 segundos. Por outro lado, os níveis de energia são muito mais flexíveis de pessoa para pessoa. Daí a importância de prestarmos atenção nisso, de nos aprofundarmos, de nos tornarmos especialistas não apenas em administrar o tempo e priorizar algumas atividades, mas, principalmente, em administração, gestão e priorização da nossa *energia*.

Vou te contar um segredo. Descobri muito cedo que eu tinha um problema com o mundo corporativo. Mais especificamente, meus horários de produtividade eram completamente incompatíveis com os do mundo corporativo normal. Houve uma época da minha vida em que meu momento de pico criativo no trabalho era entre dez da noite e uma da manhã. Quando conseguia sentar para estudar e escrever nesses horários, eu me sentia energizado, o texto fluía e as ideias apareciam normalmente. Eu terminava exausto, mas orgulhoso do trabalho.

Mas quem disse que, no dia seguinte, conseguia acordar bem-humorado e feliz às seis e meia para estar às dez para as oito no trabalho? Não conseguia... era uma luta. Levava bronca todos dias. Queriam que eu fosse a melhor versão de mim às oito da manhã, mas esse era eu às dez da noite. Tentei me encaixar, tomei café e guaraná para ver se pegava no tranco, mas vivia estressado por não render, porque sabia que aquilo era 60% do Raul. O Raul com o freio de mão puxado. Chegou uma hora em que desisti. Entendi que aquela era uma luta inglória e tomei o que, até hoje, considero uma das minha melhores decisões: escolhi empreender e assumir o controle sobre meus horários.

Muita gente começa a empreender porque tem o sonho de ser milionário, de liderar uma equipe, de ter uma empresa enorme. Eu comecei porque queria ter liberdade para decidir a minha hora de dormir e de acordar. Esse é um segredo que raramente compartilho, mas, no fundo, o que realmente me fez tomar a decisão de empreender foi a constatação de que seria inútil, improdutivo e infeliz se tivesse que me adaptar eternamente aos horários impostos pela rotina corporativa. É muito importante entender que a principal questão não é trabalhar mais ou menos, é ter flexibilidade para escolher *onde*, *quando* e *como* trabalhar.

Minha antiga sócia, que adorava acordar cedo, considerava um insulto pessoal e sinal claro de preguiça e incompetência chegar tarde no trabalho. Não tinha argumento que lhe convencesse do contrário. Eu trazia textos maravilhosos, redigidos à meia-noite, quando ela estava dormindo, e não tinha papo. Para ela, era muito mais importante o fato de eu ter chegado às oito e meia (atrasado), mesmo com um bom trabalho realizado, do que o próprio trabalho. Discutimos sobre isso tantas vezes que um dia cansei e disse "chega". Infelizmente, o livro do Pedro ainda não existia na época, ele teria sido um bom presente para minha ex-sócia.

Queremos que a pessoa produza bem e seja feliz ou queremos que ela bata o ponto e cumpra o horário, mesmo que totalmente desenergizada? Esta é uma questão comum no mundo corporativo e não tem lógica. Ao meu ver, as empresas terão que aprender a lidar com isso se realmente quiserem extrair o máximo do seu capital humano. Não vou estragar a surpresa, mas o Pedro explica exatamente *por que* e *como* acontece esse descompasso entre horários de trabalho e horários pessoais, inclusive com nomes técnicos que descrevem a situação.

Não estou dizendo que o meu exemplo é a solução para todo mundo. Claramente, esse tipo de radicalismo não é adequado para todas as pessoas. O que recomendo hoje é justamente o que o Pedro apresenta no livro: mais conhecimento e mais luz sobre um assunto tão importante e tão presente no nosso dia a dia que raramente é discutido ou estudado. Deveria ser obrigatório ter aulas sobre energia pessoal na escola.

E, por falar em escolas, nos EUA, por exemplo, existe um imenso debate sobre o horário das escolas, principalmente para adolescentes. Diversos estudos demonstram que, por questões hormonais, os adolescentes funcionam melhor em horários mais tardios, períodos de atividade que começam, por exemplo, a partir de nove e meia ou dez da manhã. Esses estudos indicam que as notas dos adolescentes sobem entre 10 e 15% sem precisar ser alterado absolutamente mais nada além do horário de início das aulas. Basta deixar os jovens dormirem até um pouco mais tarde. As faltas diminuem, o engajamento aumenta e os alunos expressam maior satisfação não só na escola, mas na vida.

Pense nisso. Pense no impacto disso na vida de cada adolescente. Pense na quantidade de alunos no mundo inteiro que fica de recuperação desnecessariamente, que tem notas piores do que deveria ter, que acha que é menos inteligente e/ou capaz do que é. Pense na ansiedade que isso provoca. Pense agora no pouco que custaria implementar mudanças nos horários. Agora, pense na força do contra, de repetir e fazer o mesmo, como sempre foi feito, simplesmente porque sempre foi assim. Fica complicado.

Por isso gosto quando caras inteligentes e esclarecidos, como o Pedro, resolvem levantar uma bandeira e tratar do assunto seriamente. Todo mundo precisa estar alerta em relação a isso. Quando você consegue entender seu fluxo de energia, seus horários de pico e queda, seu biorritmo e o tipo de atividade que realmente agrega valor, não é só sua vida profissional que melhora. *Tudo* muda! As pessoas à sua volta conseguem finalmente encontrar a sua "melhor versão", e não aquela pessoa eternamente cansada, exausta, sem energia, sem vontade. Seu trabalho rende. Ir à academia ou fazer alguma atividade física passa a ser natural e não uma exaustiva luta diária para exercer disciplina. Seu sono é melhor porque você está dormindo no horário que lhe é mais reparador. Sua vida parece andar em sintonia.

Imagine duas ondas de rádio, subindo e descendo. Uma onda é a da sua energia. Sobe e desce, sobe e desce. A outra, da energia que o trabalho ou a vida está lhe exigindo. Sobe e desce, sobe e desce. As duas estão em sintonia? Você consegue enxergar o problema das duas ondas não estarem em sintonia? Você está cheio de energia em momentos em que não tem nada realmente importante para fazer. Ou pior, você está exausto e sem energia em momentos importantes, quando a sua "melhor versão" está sendo demandada e precisa aparecer.

Note também que a questão não é só a quantidade de energia que você tem. Isso você melhora com exercício físico, com bom descanso e sono reparador, com meditação, com alimentação saudável, com hidratação, com técnicas para lidar com estresse e ansiedade. A questão passa também por entender os altos e baixos da energia e como investir neles corretamente. Note o termo escolhido: *investir*. As pessoas deveriam passar a planejar seu dia e suas atividades em termos de RSEn (Retorno Sobre Energia).

Eu chamo meus melhores momentos de Zonas de Alta Performance (ZAPs), e todos os meus alunos e mentorados sabem que uma das primeiras coisas que peço em trabalhos de mentoria é justamente o mapeamento da flutuação energética/bioritmo no dia. Pessoas de alta performance pensam em termos de *energia*. Primeiro você faz seu mapeamento de energia e ZAPs, só *depois* encaixa as tarefas priorizando corretamente entre "importância/tipo de tarefa" e "energia necessária". Note que pessoas com baixa performance fazem justamente o contrário: colocam primeiro as tarefas, sem pensar na energia, e depois se perguntam por que andam tão cansadas, com a sensação de estarem tão atarefadas e, mesmo assim, frustradas e com resultados abaixo do que claramente seria seu potencial.

A questão não é empilhar mais coisas para fazer. É ser inteligente e estratégico na escolha e no planejamento de *quando* e *como* usar corretamente sua energia. Nesse planejamento deve estar incluído momentos de pausa. Gosto quando o Pedro fala sobre os *sprints* de 90 minutos, com uma pausa ou *break* para recuperação. É exatamente o que tento fazer no meu dia a dia.

Achar que mais atividades e mais tempo sem parar vai aumentar a sua produtividade é outro grande erro cometido com frequência. Todos os estudos e a prática demonstram exatamente o contrário, como tão bem mostra o Pedro em vários pontos do livro: gestão correta de energia significa entender a gestão correta das pausas.

Para mim, a melhor parte de estar conectado, consciente e presente em relação à sua própria energia é começar a entender melhor a energia dos outros também. Depois que, finalmente, entendi meu próprio fluxo de energia e notei como ele alterava completamente minha produtividade, meu humor e meus relacionamentos, comecei a entender isso nos outros. Hoje, sou muito mais sensível a mudanças de energia em reuniões, por exemplo. Em *calls* de *feedback* por Skype, em reuniões de mentoria, em *workshops* e palestras. Até com meus filhos e minha esposa. Como viajamos juntos com frequência, já sabemos reconhecer quando alguém está precisando de um dia tranquilo, dormir mais um pouco ou só ficar uma tarde sossegado e descansando. Em negociações com clientes, reuniões com sócios e até mesmo em webinários on-line, estou sempre presente em relação à minha energia e à energia dos outros.

Vejo essa questão de pensar em termos de energia como em *Matrix*. Você está vendo o código fundamental, o núcleo de tudo. É um superpoder. E aqui, neste livro, você tem o melhor guia disponível no mercado para se aprofundar e dominar o assunto. Comece a pensar nisso, em RSEn (Retorno Sobre Energia), e você vai ver que seus resultados, seu humor, sua motivação e seus relacionamentos vão mudar para melhor.

Abraços energizados, boa leitura e não se esqueça de adaptar e colocar em prática tudo que o Pedro recomenda neste livro.

Raul Candeloro
Diretor do www.vendamais.com.br

INTRODUÇÃO

Toda a vida na Terra depende da presença do sol, que, devido à rotação infinita do planeta em torno de seu próprio eixo, expõe todos os organismos em sua superfície à mudança diária na intensidade de luz. Das algas mais simples aos mamíferos, quase todos os organismos usam a luz solar para ajustar seu período de atividade e otimizar sua sobrevivência. Assim, os organismos adaptaram seu estilo de vida de tal forma, que se organizam em ciclos de 24 horas determinados pelo nascer e pelo pôr do sol. Inclusive você, vendedor, e seu cliente, comprador ou consumidor, e também o investidor.

Há milhões de anos, organismos vivos se adaptaram às mudanças diárias de iluminação, exceto aqueles que vivem sem contato com a luz solar e também sem a influência das marés. Isso significa que nós, *Homo Sapiens*, temos um ciclo interno, regulado por um relógio máster, no núcleo supraquiasmático no cérebro, e vários relógios menores, distribuídos pelos sistemas, órgãos e células. Esses relógios orgânicos, principalmente o master, criam ritmos dentro de nós que são influenciados por luz externa, temperatura, maré, dinâmica climática e até ciclo lunar. Não é incrível? A esse ciclo, damos o nome de "circadiano", que vem de *circadiem*, ou "a cerca de um dia", do latim *circa* (acerca de) e *diem* (dia). O ciclo circadiano influencia, por exemplo, digestão, temperatura do corpo, renovação das células, funções cognitivas, sono, vigília e atenção.

Esse ciclo rege absolutamente tudo o que fazemos e como nos comportamos, inclusive economicamente. O nosso ânimo para vender e a disposição para comprar produtos e serviços estão diretamente ligados ao ciclo circadiano. O humor no trabalho, por exemplo, é afetado por esse ciclo também, o que nos fará mais ou menos amigáveis, dispostos, criativos, concentrados ou distraídos e até colaborativos ou individualistas. E isso é incrível.

Os organismos vivos evoluíram no sentido de coordenar suas atividades de acordo com a rotação da Terra, mas os ciclos biológicos não são passivos, conduzidos apenas por indução ambiental externa.

Bem no final da década de 1990, descobriu-se que temos um relógio interno mais ou menos independente do ambiente externo em nível molecular. Isto é, o ambiente externo nos influencia consideravelmente, contudo, cada pessoa tem um ritmo diário próprio. Assim, concluímos que há uma variação cíclica para a maioria das funções biológicas, que atingem seu ponto alto ou baixo em determinado momento a cada dia.

Uma das grandes características da vida é a ciclicidade, ou seja, a vida por si é um ciclo — tudo nasce, cresce e morre. O movimento da Terra é cíclico, assim como o de todos os seres vivos que nela se encontram e dela dependem. O nosso movimento interno exige sincronicidade entre as partes. Desde as células, passando pelos tecidos e órgãos do corpo, até a relação dos organismos com os indivíduos da mesma espécie, com suas presas e predadores e com o ciclo lunar e as marés, que fazem parte do movimento geofísico, e toda atividade planetária.

Se tudo é cíclico, e há uma circularidade interna entre picos de energia, altas e baixas temperaturas corporais, sobe e desce de neurotransmissores, hormônios e neuro-hormônios, esses movimentos afetam diretamente o nosso comportamento, e chegam a mudá-lo a cada hora do dia. Daí vêm minhas perguntas essenciais. Você sabe me dizer se os seus compromissos sociais e profissionais estão sincronizados com o seu organismo? E você percebe que a não sincronia pode trazer sérios danos à sua saúde física e mental? Essas são as questões deste livro. Vou mostrar que sua vida, sua saúde, sua felicidade, suas relações pessoais e profissionais, e seu desempenho como vendedor ou líder de uma equipe de vendas pode melhorar, e muito. Estou dizendo claramente que você vai vender mais e melhor e que não se trata de mágica, mas de respeitar seu corpo e seu tempo, e, sobretudo, ser inteligente e estratégico, respeitando também seu cliente e os horários e ritmos biológicos dele.

A evolução dos organismos desde um unicelular até criaturas pluricelulares, como nós, exigiu um alto grau de organização dos grupos de células em órgãos e tecidos. A sincronização entre as diferentes funções é vital para a sobrevivência, e é a base do nosso comportamento junto com a reprodução, que também é cíclica e depende de sincronização de dois organismos para ocorrer. Tal sincronia não envolve a organização espacial dos seus componentes nem a organização temporal para gerar sincronia.

Todas as nossas atividades no dia a dia, das mais simples às mais complexas — acordar, adormecer, reabastecer o corpo de energia por meio da alimentação —, necessitam de uma organização temporal minuciosa e cuidadosa, que precisa ser respeitada para que tudo funcione bem. Um desvio vai dessincronizar as funções e causar prejuízos inomináveis tanto internos, dentro do seu organismo, quanto externos, como nosso comportamento e das pessoas que nos rodeiam, com quem nos relacionamos e fazemos negócios. Não há como separar o *timing* biológico interno do *timing* biológico externo e do *timing* social externo.

A organização do tempo interno e sua sincronicidade com o ambiente existem para que nosso organismo antecipe o que vai acontecer no futuro próximo e se prepare para as funções que acontecem mais ou menos no mesmo horário. Mas é importante que tenhamos consciência de que os ritmos biológicos se dão endogenamente em todos os níveis de organização — isto é, em uma célula, em um tecido, em um órgão, em um sistema, no núcleo supraquiasmático e no organismo inteiro — e também exogenamente. Não podemos considerar somente a relação entre as áreas do organismo e seus sistemas com o meio ambiente externo, mas também entre eles, no ambiente interno.

Temos, sim, um ciclo circadiano, mas há que se considerar um ciclo homeostático, que existe para gerar equilíbrio no organismo. Devemos compreender que os ritmos biológicos não somente trabalham para uma sincronização com ciclos geofísicos, ou seja, ligados aos movimentos da Terra, do dia e da noite, mas ritmos com períodos diferentes e nada relacionados com o ambiente externo. É a atividade endógena dos ritmos biológicos, nela circunscrita, que proporciona aos seres vivos, como nós, a tal capacidade antecipatória, permitindo organizar os recursos e atividades antes que sejam necessárias, para manter o organismo vivo.

Os ciclos de sono-vigília e os ritmos diários na excitação fisiológica são regulados por dois mecanismos: impulso circadiano e impulso homeostático. Sob o impulso circadiano, estados de excitação flutuam de acordo com um ritmo diário que é ditado por um marca-passo molecular interno. A variação no tempo dos ritmos endógenos ou internos diários entre indivíduos resulta em cronotipos diversos que levam às respostas comportamentais distintas, dependendo da hora do dia.

As interações entre o cronotipo e a hora do dia são chamadas efeitos de sincronia, e indicam que indivíduos do tipo manhã funcionam melhor nas tarefas cognitivas pela manhã e indivíduos do tipo noite funcionam melhor nas tarefas cognitivas à noite ou no final do dia. Por outro lado, sob o impulso homeostático, a propensão ao sono aumenta e a excitação fisiológica cai com a diminuição das reservas de energia ao longo do dia. Pressão do sono, nosso desejo de dormir surge devido à liberação gradual da adenosina no cérebro. O sono se acumula ao longo do dia e se liga aos receptores de adenosina nos neurônios, produzindo em nós um estado de sonolência. Em termos leigos, sob o impulso homeostático, os níveis de energia diminuem à medida que o dia avança, enquanto que sob a unidade circadiana, os níveis de energia atingem o pico em diferentes momentos do dia, dependendo do cronotipo da pessoa.

Assim, a compreensão dos ritmos biológicos e do cronotipo de cada pessoa não está apenas ligado aos ritmos circadianos, dia e noite, mas também aos outros tantos ritmos de frequências diferentes e particulares e sem relação com os ciclos geofísicos. Para além dos ritmos circadianos, infradianos e ultradianos, existem outros padrões. Portanto, é possível dividir os ritmos biológicos em correlacionados e não correlacionados com ciclos geofísicos. Os primeiros trabalham em função da antecipação de uma mudança no ambiente externo, e os segundos, com a antecipação de uma mudança no meio interno, pois os diversos subsistemas interagem entre si. Então, vou trabalhar com estas duas pontas, porque não adianta estar atento ao ciclo circadiano e não prestar atenção ao ciclo homeostático. Aprender a estar sempre ligado com o seu comportamento e o dos outros é a proposta deste "manual".

Nosso corpo trabalha como um relógio com despertador. Poucos sabem disso, mas não é só o cérebro que é regido por ciclos, mas todo o organismo, e esses ritmos ou ciclos ditam nossa vida e nosso comportamento. Vender é convencer alguém a comprar algo, seja um bem físico, um serviço, uma ideia, uma região, por aí vai. E, para tanto, a pessoa precisa estar pré-disposta a comprar. Vender se trata de uma pessoa persuadir outra e ambas têm seus ânimos, seus humores, suas atividades e seus comportamentos particulares que, sabemos agora, são regidos por ciclos internos controlados por uma área cerebral chamada núcleo supraquiasmático que se localiza no hipotálamo. Para a venda acontecer, é preciso que esses aspectos particulares de vendedor e comprador estejam em sintonia. Portanto, vender algo para alguém sem entender a melhor hora é arriscar demais. Não há livros sobre vendas que explorem esse tema, e todas as técnicas por eles apresentadas podem falhar porque não levam em consideração a biologia, o organismo e os ritmos. E a biologia é a base do comportamento humano.

Então, como pode você querer convencer alguém a algo se não entende como este ser ou indivíduo funciona? Como quer persuadir alguém se há comandos internos e você sequer presta atenção nisso? Assim é a ciência social aplicada à economia e ao consumo. A economia em seres biológicos não se trata de dinheiro ou valores, mas de energia, o quanto é gasto ou consumido, o quanto é ganho e o quanto é reservado. O mundo natural é físico e a física trabalha especificamente com a energia como moeda. Tudo o que gasta energia, se não for para reprodução, é "caro", portanto, dificultoso e eu "não quero". O mesmo acontece com um leão que precisa pegar uma presa grande porque seu nível de energia está baixo e ele pode morrer. Com o ser humano, que é um ser biológico, o princípio é o mesmo. Para sobreviver o maior tempo possível, o ser humano quer consumir tudo o que dê muita energia ou que ajude a reservá-la. E para reproduzir e manter seus genes vivos na prosperidade, gastará toda energia disponível.

Energia está ligada à passagem do tempo. A energia vai se esgotando, minuto por minuto, hora a hora, o que faz o organismo paralisar suas ações. Dependendo do cronotipo de cada pessoa, a energia (moeda comportamental) vai se esgotando em períodos e horários diferentes, o que muda a disposição do indivíduo para qualquer esforço físico e cognitivo.

Nós não temos consciência desses ritmos, que são regulados por áreas cerebrais em que as informações são processadas de maneira não consciente. No máximo notamos que estamos cansados e sem energia ou, por outro lado, totalmente animados e atentos, mas não identificamos os motivos. E um desses motivos são os tais reloginhos internos, influenciando nossos desafios cognitivos e comportamentos.

O que precisa ficar claro nesta introdução é que você deve prestar atenção no horário biológico das pessoas, não no horário comercial, para saber a melhor hora de persuadi-las. O que significa identificar e agir no momento em que essas pessoas estão pré-dispostas a prestar atenção em você, ouvir, entender, e mais do que isso, se engajar. É preciso haver condições cognitivas específicas. O cérebro da pessoa que se pretende convencer tem que estar sincronizado com a história que você vai contar e, para isso, é necessário que haja alguns padrões orgânicos: níveis hormonais, temperatura do corpo, níveis de neurotransmissores, entre outras condições favoráveis.

O seu e-mail, seu telefonema, sua venda pessoal ou sua proposta podem estar, literalmente, fora de hora se você não compreender que tudo o que fazemos, pensamos, planejamos e nossos comportamentos estão ligados à anatomia e à fisiologia cerebral e do corpo em geral. Se quiser ou pretender convencer um ser biológico, terá que acompanhar seu ritmo, os tais reloginhos internos que estão espalhados pelo organismo do sujeito.

Utilizando como referência os ritmos biológicos, os relógios internos e os cronotipos de cada pessoa, este livro permitirá a você gerar oportunidades e otimizar as suas ações de persuasão, trazendo os efeitos desejados e também o controle dos efeitos indesejados para o comportamento de consumo das pessoas.

CAPÍTULO 01

VOCÊ EM SINCRONIA COM O SEU CLIENTE

Sincronização é o processo em que dois ou mais sistemas interagem entre si e começam a agir ou moverem-se juntos. Esta é a uma propriedade física, portanto, é sua também. Você é um ser físico-químico. O funcionamento do seu cérebro produz um processo cognitivo que gera ideias, pensamentos, sentimentos, planejamento. Tudo o que se passa na sua cabeça é físico (dentro do neurônio) e químico (entre os neurônios). Agimos em sincronia. Quando batemos palma no ritmo do espetáculo. Quando corremos na esteira, vamos nos sincronizando com o som das passadas do indivíduo ao lado. Entramos em sincronia quando vamos ao supermercado e agimos conforme a música que toca bem baixinho no ambiente, quando dançamos e em milhares outras ações e comportamentos, inclusive economicamente.

A biologia é a soma de processos físicos e químicos que nos fazem agir e reagir ao ambiente, biótico e abiótico. No fundo, se você prestar a atenção, verás que as Ciências Sociais pesquisam, estudam e revelam a sincronia humana, ou seja, como agimos em uníssono na maioria das vezes. É o que chamamos em neuromarketing e economia comportamental de "comportamento de bando", o ato de se conformar às ações do grupo para neles se manter, para poder sobreviver e reproduzir.

Seu corpo contém um mecanismo autônomo que te sincroniza com ritmos fortes, externos, pulsos ou batidas, um fenômeno conhecido como arrastamento. Na verdade, entramos nos ritmos ao nosso redor o tempo todo, embora não tenhamos consciência disso na maioria das vezes.

A relação entre os ritmos externos e os ritmos ou pulsos internos é inseparável. Se for o caso, nossos ritmos internos aceleraram ou diminuem a velocidade para combinar um ritmo externo mais rápido.

Para confirmar isso, basta contar a batida do seu coração ou taxa de respiração quando estiver preso no trânsito, perto de máquinas barulhentas, como furadeiras, ou ainda ouvindo rock com volume elevado. Depois, conte sua taxa cardíaca ou a de respiração quando estiver sentado silenciosamente em uma praia deserta ou ouvindo música tranquila em um ambiente sossegado. Tente medir as taxas quando estiver junto com uma pessoa agitada e falante e depois com alguém calmo e que fala baixo. Você vai notar como seu organismo sincroniza com o mundo externo, inclusive com as pessoas ao seu redor.

O organismo do seu cliente faz a mesma coisa. Dessa forma, o ritmo da sua voz durante a conversa, a prosódia ou acentuação vocabular e o tom de voz farão toda a diferença na hora de convencer o consumidor, o comprador ou o investidor. As características do seu comportamento vão sincronizar e "arrastar" o cérebro do seu cliente. Assim como uma música empolgante ou triste arrasta e modifica seu ânimo no momento.

Na física há menos gasto de energia quando dois objetos são arrastados um ao outro em sincronia. Em outras palavras, gastamos menos energia quando estamos de acordo com a energia circundante ou, ao contrário, gastamos muito mais energia quando não estamos em sincronia com a circundante. Portanto, precisamos agir mais intensamente se a energia do trabalho é mais alta e mais calmamente quando saímos para um *happy hour* ou chegamos em casa. Infelizmente, a maioria de nós não se comporta dessa maneira. Continuamos acelerados por um bom tempo, quando deveríamos estar relaxando, modificando nossas ondas cerebrais, saindo de Beta 3 ou Beta 4 (cérebro aceleradíssimo) e nos encaminhando para uma frequência de ondas Alfa.

Você usa menos energia quando está em sincronia com a energia circundante e mais quando não está sincronizado. Está certo ser acelerado durante o dia se sua carreira for intensa, mas você deve diminuir a velocidade quando voltar para casa. É preciso ensinar o corpo a abrandar, relaxar, se recuperar; é necessário estimular o sistema parassimpático (sua resposta de relaxamento natural), encontrar ritmos externos que lentos (natureza, ambiente tranquilo, música certa) e deixar-se ser mentalmente arrastado por eles. É por isso também que você deve tirar um tempo para si na parte da manhã e durante o dia, se possível.

Conforme o ciclo ultradiano, a recomendação é trabalhar uma hora e meia ou duas horas e dar um intervalo de vinte minutos, repetindo esse padrão até o fim da jornada de trabalho. Nos intervalos, vá até uma área verde ou ouça uma música calma para diminuir sua frequência cardíaca e respiração. Tudo isso lhe dará maior controle e mais foco e atenção ao seu trabalho. E mais confiança na venda também. Normalmente, a frequência cardíaca em repouso gira em torno de 70 batimentos por minuto (bpm) para os homens e cerca de 75 para as mulheres. A música pulsada em cerca de 60 bpm é ideal para ajudar a induzir estados Alfa, o mesmo estado de relaxamento induzido pela meditação.

Sincronia é o estado ou condição de dois ou mais fenômenos que ocorrerem simultaneamente. Neste livro, três fatos são analisados: o ciclo circadiano, o ritmo biológico do indivíduo a quem queremos convencer (consumidor, comprador ou *prospect*), e o horário de funcionamento dos negócios. É fundamental haver simultaneidade entre o tempo do organismo do indivíduo (vespertino, diurno ou noturno) com o ciclo circadiano e o horário comercial, para que você possa aproveitar a melhor hora desse comprador em potencial. Ou seja, é fundamental estar em sintonia com a energia e a temperatura do indivíduo, que vão gerar maior ou menor atenção e engajamento. Não se esqueça de observar também a sua melhor hora e vamos discutir isso no próximo capítulo.

Em resumo, precisamos prestar a atenção em alguns aspectos importantes e reveladores que devem ser sincronizados:
- O ciclo circadiano, dia e noite;
- O ritmo biológico do comprador e, por fim;
- O horário comercial.

O primeiro aspecto está relacionado à sincronização do corpo e de todos os relógios biológicos internos do indivíduo, como ele se encaixa no ciclo dia e noite, vigília e sono. Outro aspecto a ser observado e que fará toda diferença é o compasso dos relógios internos, ou endógenos, e a sua sincronia com o horário comercial, que sempre vai depender do tipo de negócio.

CAPÍTULO
02

O CICLO CIRCADIANO

Ciclo circadiano, ritmo de vida, relógio biológico, ritmos do corpo, ciclo energético dos órgãos são nomenclaturas para a sincronização interna, entre o organismo e seus sistemas, e externa, entre o organismo e o ambiente.

Desde o surgimento da vida na Terra, milhões de anos atrás, somos criaturas que se levantam com o nascer do sol e adormecem pouco depois que ele se põe. Desde quando nos tornamos hominídeos, há 6 milhões de anos, passando pelo período de 200 mil anos atrás, em que surge a nossa espécie, e chegando aos dias de hoje. Os sistemas envolvidos no ritmo biológico, percebe-se, são ancestrais. Seguimos um mesmo ritmo de vida faz muito tempo. O nosso corpo criou um ciclo interno, o tal relógio biológico, para proporcionar o melhor desempenho a si mesmo, levando em consideração os sistemas internos e o grande sistema do qual somos parte, as nossas necessidades de autorregulação internas e os nossos hábitos externos.

O corpo ajusta-se considerando a volta que o planeta dá em 24 horas. Em metade desse tempo, somos banhados por radiação solar, quando aproveitamos a luz para ver melhor e conviver socialmente e o calor para aquecer o corpo, receber a vitamina D para nutrir o organismo e tantas outras atividades. Durante a outra metade, o nível de radiação cai, ajudando a diminuir nossa acuidade visual e a velocidade das funções dos sistemas e órgãos e contribuindo para a nossa regeneração, liberando melatonina para dormirmos, descansarmos, recuperar energia e salvaguardar memórias importantes do que se passou. Tudo isso se dá com a participação do Núcleo Supraquiasmático (NSQ), no hipotálamo, o centro primário no cérebro, de regulação dos ritmos circadianos. Sabe-se que a estimulação do NSQ provoca a liberação de melatonina pela glândula pineal e que a rede de 20.000 neurônios que o compõe regula diferentes funções no corpo.

Para que você tenha uma ideia da importância e do automatismo do ritmo biológico, até os deficientes visuais sofrem o efeito *jet lag*, quando trocam o dia pela noite, mesmo não enxergando quando há ou não luz do sol. Durante milhões de anos, o corpo desenvolveu vários sistemas robustos para perceber se é dia ou noite, se há luz ou não. De tão importante para a sobrevivência dos seres vivos, é quando tentamos iludir nosso ciclo circadiano que surgem os problemas de saúde. Talvez nem mesmo a epigenética consiga modificar esse padrão com a luz elétrica nas cidades e nas casas. É tão ancestral e tão arraigada e de uma complexidade tão grande que fica impossível a modificação da nossa matriz portanto, sair dela só causa prejuízo para a espécie.

A VIDA TEM TRÊS CICLOS BÁSICOS

Ritmos infradianos (do latim *infra*, que significa "sob", e *die*, que significa "dia"). Duram mais de 24 horas e são repetidos apenas a cada poucos dias, semanas, meses ou até mesmo somente uma vez por ano. São considerados infradianos as migrações de aves e mamíferos; os ritmos lunares, de cerca de 29,5 dias, e ritmos semilunares, com cerca de 14 dias; ciclos das marés; e até o ciclo menstrual da mulher.

Ritmos ultradianos (do latim *ultra*, que significa "sobre", e *die*, significando "dia"). São os ritmos biológicos menores que 24 horas que têm ciclos múltiplos em um só dia. Existem muitas funções fisiológicas do corpo humano que exemplificam um ritmo ultradiano. Podem durar várias horas e incluem a ingestão de alimentos, a circulação de sangue, a liberação de hormônios, os diferentes estágios do sono e a curva de desempenho humano. Um adulto, por exemplo, tem um ciclo de esforço e descanso a cada duas horas.

Ritmos circadianos (do latim *circa*, que significa "ao redor", e *die*, significando "dia"). São ritmos que levam cerca de 24 horas e têm muitos efeitos que afetam direta e imediatamente os seres humanos e, por esse motivo, são os mais pesquisados.

Os sistemas vivos possuem um relógio biológico interno esquisitamente preciso que exibe eventos diários, que vão desde o sono e a vigília dos seres humanos até a fotossíntese nas plantas. Esses ritmos circadianos representam uma adaptação ao meio ambiente, evolutivamente conservada, que pode ser rastreada até as primeiras formas de vida. Nos animais, o comportamento circadiano pode ser analisado como um sistema integrado, começando com os genes. Na maioria dos seres vivos, os relógios circadianos internamente sincronizados pelo NSQ permitem que o organismo coordene sua biologia, suas ações e comportamento com mudanças ambientais diárias correspondentes ao ciclo diurno e noturno.

O sistema circadiano de mamíferos, inclusive o seu, é composto por uma hierarquia de osciladores que agem em células, tecido e sistemas, em diferentes contextos funcionais. O NSQ é arrastado pela incidência de luz e transmite sinais para relógios periféricos que são insensíveis aos sinais luminosos, para sincronizar esses sistemas. O NSQ atua como um marcapasso para o organismo impulsionar ritmos em atividade e repouso, alimentação, temperatura corporal e hormonais. Na maioria das células do corpo, os relógios circadianos autônomos das células estão intimamente enredados nas vias metabólicas.

Assim, uma visão emergente para o significado adaptativo dos relógios circadianos é seu papel fundamental na orquestração do metabolismo. Esta relação íntima entre relógios e metabolismo é um exemplo de como o sistema circadiano é integrado e influenciado pela fisiologia que está sob seu controle. Portanto, a organização do sistema circadiano requer uma combinação de inervação autonômica de tecidos periféricos, de sinalização endócrina, da temperatura e de sinais locais.

Para que os relógios biológicos sejam eficazes, devem manter com precisão o tempo e se ajustarem aos sinais ambientais, pois os organismos evoluíram em um planeta que é cíclico em que os dias, as noites e as estações do ano estão sempre se alternando. Os ciclos infradianos, ultradianos e circadianos são naturais e acontecem sem que tenhamos consciência de tais movimentos do organismo. Caso não nos sincronizemos com tais ciclos, nosso comportamento se modifica.

CAPÍTULO
03

CRONOTIPO

A vida está ligada ao ciclo circadiano, que nada mais é que um ciclo dia e noite que influencia nossos relógios biológicos. Os ritmos circadianos são mudanças físicas, mentais e comportamentais que acontecem no intervalo de 24 horas, respondendo principalmente à luz e à escuridão no ambiente de um organismo. Fazem parte da existência da maioria dos seres vivos, incluindo animais, plantas e muitos pequenos micróbios. O estudo dos ritmos circadianos é chamado de cronobiologia, do antigo grego *chronos*, que significa "tempo", e pertence ao estudo, ou ciência, da vida. Este campo de estudo é muito abrangente, pois envolve desde os mecanismos celulares, passando pelos órgãos que têm seus horários próprios, compreendendo os ciclos dos sistemas corporais e chegando até ao comportamento do indivíduo.

Sabemos que existe um relógio interno, mesmo que seja intuitivo, porque nos sentimos animados, criativos e ativos em uma parte do dia e desfocados, cansados e pouco ativos na outra. E, por incrível que pareça, a maioria de nós tem muito pouco conhecimento sobre o relógio interno do corpo humano. Exatamente pela falta de conhecimento é que a cronobiologia vem ganhando importância e espaço entre pesquisas e estudos nos últimos 30 anos. Essa área da biologia examina especificamente fenômenos periódicos ou cíclicos nos organismos vivos e a adaptação destes aos ritmos solares e lunares. Refere-se ao ciclo diurno que afeta o organismo humano quando a Terra gira.

O campo da cronobiologia vem se expandindo rapidamente em todo o mundo na medida em que os médicos, pesquisadores, psicólogos, profissionais de educação física entre outros da área da saúde estão começando a compreender e a perceber os benefícios do uso de princípios cronobiológicos em tudo, desde a administração de medicamentos até a determinação da melhor hora do dia para o exercício. Essa ciência está sendo usada em estudos de genética, endocrinologia, ecologia, medicina esportiva, psicologia. E agora também na economia, na administração, na liderança e no marketing.

Os ciclos de dormir e acordar e os ritmos de excitação fisiológica são regulados por dois mecanismos: movimentação circadiana e homeostática. Sob o impulso circadiano, estados de excitação flutuam de acordo com o ritmo diário, que, por sua vez, é ditado pelo marcapasso molecular. A variação no tempo dos ritmos internos diários entre indivíduos resulta em cronotipos diferentes, que darão respostas comportamentais distintas aos estímulos dependendo da hora do dia. As interações entre cronotipo e hora do dia, os chamados efeitos sincrônicos, ocorrem quando o tempo de resposta comportamental é paralelo à fase de excitação circadiana em todos os indivíduos.

Indivíduos matutinos, por exemplo, funcionam melhor nas tarefas cognitivas pela manhã e vice-versa para a noite. Por outro lado, sob o impulso homeostático, a propensão ao sono aumenta e a excitação fisiológica diminui com o esvaziamento gradual das reservas de energia ao longo do dia. A diferença entre os dois mecanismos é que, sob o impulso homeostático, os níveis de energia diminuem à medida que avança um dia, enquanto que sob a unidade circadiana, os níveis de energia atingem o pico em diferentes momentos do dia, dependendo do cronotipo de uma pessoa. Os padrões diários de excitação (desempenho de tarefas cognitivas, emocionais e atencionais), portanto, dependem da interação entre essas duas forças.

A homeostase vem das palavras gregas para "mesmo" e "estável", e refere-se a qualquer processo que os seres vivos usem para manter ativas condições bastante estáveis dentro do organismo, em contraste com as condições externas, que são necessárias para a sobrevivência. A homeostase é a atividade do corpo humano para manter os níveis de temperatura e outras condições vitais constantes — como os níveis de água, sal, açúcar, proteína, gordura, cálcio e oxigênio do sangue. Existem estudos no Researchgate, Plos One, PubMed e Academia.edu explorando a associação de cronotipo, ou preferência diurna, com comportamento humano e desempenho, com efeitos fortes observados particularmente em situações envolvendo processamento cognitivo complexo e função executiva. Esses estudos mostram que existem efeitos significativos do horário do dia sobre o comportamento devido a múltiplos fatores, como mudanças de faixa etária, diferenças comportamentais significativas entre cronotipos extremos (os leões extremos e os lobos extremos) e as dificuldades que as pessoas têm para adaptar seu comportamento às mudanças no tempo circadiano.

O método mais utilizado para classificar as pessoas segundo seu cronotipo é o Questionário Morningness-Eveningness (MEQ), projetado por Horne e Östberg, pesquisadores alemães. O MEQ mede as preferências mediante relatos sobre padrões de sono e estilo de vida, incluindo o tempo de pico de atividade e alerta durante o dia e também o tempo do ciclo sono-vigília. Os tipos estão associados a fatores fisiológicos, principalmente a temperatura corporal e a produção do hormônio melatonina, relacionado com a regulação do metabolismo ao longo do dia e que tem como função básica a indução ao sono. No entanto, fatores não-fisiológicos também podem influenciar o efeito do cronotipo no comportamento humano, incluindo traços de personalidade e estados emocionais.

A melatonina começa a ser produzida na glândula pineal, localizada no cérebro, quando o dia escurece para ajudar o organismo se preparar para dormir, atingindo seu nível máximo quando se está dormindo. Com o nascer do sol e a volta da claridade, a glândula reduz sua produção, sinalizando para o organismo que está na hora de acordar. Portanto, as suas atitudes durante a noite devem ser revistas e controladas. A cada dia, temos mais estímulos luminosos durante a noite — luz elétrica na cidade e nos estabelecimentos, a televisão da sua casa, o computador, o tablet e o celular, equipamentos que ficam ligados quase que a noite toda — que provocam uma produção menor ou mais irregular da melatonina, modificando seu padrão de sono e prejudicando todo o dia seguinte. A privação do hormônio degrada as funções neurocomportamentais como a atenção, a velocidade cognitiva e a memória.

Seria possível evitar erros no trabalho e melhorar a produtividade em uma empresa se as Ciências Sociais aplicadas aos negócios compreendessem e levassem em conta os cronotipos dos colaboradores. A falta de sono afeta diretamente a capacidade de controle sobre os pensamentos obsessivos e comportamentos compulsivos no dia seguinte. Afeta o desempenho cognitivo das pessoas, causando dificuldade em descartar pensamentos intrusivos que são característicos das obsessões e também dificultando a abstenção de comportamentos compulsivos que são projetados para reduzir a ansiedade causada por pensamentos obsessivos.

Pensamentos intrusivos como "O meu chefe está me perseguindo no trabalho, só implica comigo. Ele quer me mandar embora!" ou, ainda, "Por que as pessoas no escritório estão me olhando atravessado?" são comuns nos ambientes de trabalho e podem ser simplesmente consequência de noites mal dormidas. O nível de procrastinação no trabalho é afetado pela insônia, por exemplo. Há muito se sabe que a procrastinação afeta negativamente o avanço profissional e o bem-estar geral de uma equipe e de toda a organização. Já se identificou que a procrastinação está direta e positivamente relacionada com o distúrbio do sono. As pessoas que se identificam como matutinas têm menores níveis de procrastinação. Já entre os que são intermediário ou diurnos e os noturnos, a relação entre a procrastinação e o sono foi mediada por ruminações e humor negativo. O tratamento do sono, portanto, deve ser um dos alvos para a queda dos níveis de procrastinação e não o castigo do colaborador. É preciso lembrar também que, muitas vezes, o colaborador pode trabalhar até tarde na empresa ou em função dela por culpa da própria organização.

Em se tratando de comportamento laboral, os processos de pensamento deliberativos de alto nível são necessários para a tomada de decisões. Os estados de sono são conhecidos por prejudicar o pensamento deliberativo e impactar os resultados nos clássicos jogos de barganha simples, como o jogo do ultimato, por exemplo. A falta de sono induz ao aumento da ganância e à redução da confiança do indivíduo nas outras pessoas. Assim, o aumento da sonolência reduz o aporte relativo do pensamento deliberado nas interações sociais.

Imagine o impacto econômico que o sono ou a falta dele pode causar nas empresas. Este impacto está diretamente ligado à compreensão do cronotipo de cada colaborador. Um indivíduo que é noturno pode ter pensamentos obsessivos indesejados pela manhã, estar mais suscetível à procrastinação e ainda ter um comportamento desconfiado e egoísta nas tomadas de decisões. E quem quer um vendedor desconfiado, procrastinador e com pensamentos intrusivos como "O cliente está implicado comigo!"? O mesmo pode acontecer com outros tipos também. Os notívagos pela manhã, os madrugadores no período da tarde. Nesse sentido, veja como é importante adaptar o cronotipo do colaborador ao seu turno de trabalho e proporcionar ajuda com o sono do indivíduo. Somos seres humanos, seres biológicos e não máquinas, e temos um nível de energia diária que finda gradativamente ao longo do dia. Se começarmos o dia em déficit de sono, não seremos produtivos. Além de tudo isso, a falta de sono prejudica demasiadamente a memória.

Agora, vamos conhecer os cronotipos para que, nos próximos capítulos, possamos nos aprofundar nas características de cada um deles associadas ao processo de vendas, especificamente. Para efeitos didáticos, criei nomes para cada cronotipo.

Vou chamar o cliente madrugador de **Leão** porque esse cliente é um pássaro que acorda muito cedo, um pássaro que acorda lá pelas quatro horas da madrugada e começa a cantar lá pelas seis ou seis e meia. Para matar a curiosidade, estes pássaros têm grandes olhos e acordam cedo porque podem ver com pouca luz e descobrir minhocas a esta hora do dia.

Já o cliente diurno, que acorda com o raiar do sol, vou chamá-lo de **Urso**, porque são aves comedoras de sementes que têm olhos menores e precisam de mais luz para procurar comida, e por isso acordam entre seis e sete horas da manhã.

Por fim, o cliente noturno, que se sente melhor, mais produtivo no final do dia e à noite, vou chamá-lo de **Lobo**, porque são pássaros que caçam à noite. A escuridão é o ambiente ideal para a vida dos lobos, que têm habilidades especiais, como visão, audição e olfato superaguçados, exatamente por viverem durante a noite.

Existem tipos extremos também, mas não são muitos. Quando você tiver um cliente desses, é só pensar que o seu ciclo funciona em uma hora a menos ou uma hora a mais. Portanto, use como base o comportamento do **Tordo**, com uma hora a menos, e o comportamento do **Lobo**,com uma hora a mais.

CAPÍTULO 04

HORÁRIO COMERCIAL E *JET LAG* SOCIAL

Jet lag social é o termo usado para descrever o desalinhamento entre o tempo biológico e o social. Ao longo da história, a sociedade estabeleceu o horário comercial como o padrão, das oito da manhã às seis da tarde. Então, as relações de trabalho e comércio passaram a acontecer majoritariamente neste intervalo, também porque entre 45 e 50% das pessoas no mundo são indivíduos que têm energia total a partir das oito horas da manhã, com níveis de melatonina lá em baixo e de hormônios, neuro-hormônios e neurotransmissores lá em cima, e o contrário a partir das seis horas mais ou menos. As pessoas que não são diurnas sofrem com este intervalo. Alguns madrugadores sofrem porque pifam ou perdem sua energia bem antes das seis da tarde. E os noturnos não estarão em estado de atenção antes das onze horas da manhã.

Assim, percebe-se facilmente que o horário comercial nem sempre bate com o relógio biológico de exatamente todos os seus clientes. Apenas 50% deles são diurnos, há 20 a 25% de madrugadores e madrugadores extremos e 20 a 25% de noturnos e noturnos extremos. Quer dizer, quase metade não se encaixa no horário estabelecido para trabalho e relações comerciais — a não ser que o negócio esteja nas áreas de serviços, alimentação e entretenimento noturnos, que têm entre seus clientes os sujeitos que dormem mais tarde.

Cinquenta por cento é um número alto de clientes e consumidores, nada desprezível. Então, fique atento porque, dependendo do horário, esses clientes estarão sem energia, com químicas orgânicas importantes para a ação nos seus mais baixos níveis. Portanto, estarão distraídos, letárgicos, desanimados e sem vontade de prestar atenção e muito menos de agir em prol da sua proposta de vendas, do seu produto, da sua loja ou seja lá qual for o seu *business*.

O descompasso entre os compromissos de reuniões, prospecções, ativações na internet e vendas, que seguem o horário tradicional de negócios e o relógio biológico das pessoas, é a causa de desinteresse e desacordo que surgem no momento em que você mais precisa que o cliente esteja conectado com sua fala ou demonstração. E não é porque o seu e-mail foi escrito errado, os slides não estavam bons ou a sua abordagem de vendas não era matadora, mas porque a energia do cliente estava baixa. Simplesmente, não é a hora de você fazer esse contato. O cliente pode estar com corpo lento e a mente exausta, por exemplo, porque o dia está em algum ponto dos seus extremos, começando ou acabando, e os níveis dos neurotransmissores e hormônios estão baixos e os de melatonina estão altos.

A falta de energia que causa o *jet lag* social está diretamente relacionada à privação de sono por causa do horário comercial. Apenas uma hora de privação do sono reduz a capacidade das pessoas em até 32%. Estou falando da capacidade cognitiva de estar alerta, de prestar atenção, do desempenho da memória e também da predisposição para agir.

Imagine um varejo que emprega pessoas mais noturnas. Como você pensa que estará o dono deste estabelecimento das oito à uma da manhã? Um zumbi corporativo, pode ter certeza. E como estará no fim do dia um funcionário que faça parte dos 20% de madrugadores? Como ele vai atender seus clientes? Se você ainda acredita que ser *workaholic* e trabalhar até tarde é bacana, acorde desse sonho agora. Você é um ser físico-químico que tem ciclos e precisa de energia para agir. Com o tempo, você passa a esquecer das coisas, ficar mais lento, menos criativo e menos produtivo, dia após dia. A questão é biológica e não de força de vontade.

Sabemos que o horário comercial é, sim, bem adaptado para a metade da população de trabalhadores, compradores, vendedores, negociadores e consumidores, mas não para a outra metade deles. Para aumentar sua eficiência e eficácia em vendas, a produtividade de cada membro da equipe de consultores e o *ticket* médio dos consumidores e dos compradores é preciso fazer pequenas e inteligentes adaptações. Siga o horário comercial, mas, antes disso, entenda o relógio biológico dos seus vendedores e faça um questionário para determinar o cronotipo deles para que você possa adaptar a sua loja ao melhor da sua equipe. Vendedores madrugadores pela manhã e noturnos no período da tarde e noite. Só com essas atitudes e estratégias você terá um grupo de primeira linha em vendas na sua loja.

Os seres humanos têm um relógio interno bem definido que molda os níveis de energia ao longo do dia que afetam a capacidade de sentir-se alerta, o que tem implicações importantes para você e seus colaboradores. Muito embora os gerentes esperem que seus colaboradores estejam no seu melhor em todas as horas do dia de trabalho, essa é uma expectativa pouco realista.

Cada um dos seus colaboradores pode querer ter o melhor de si a qualquer hora, mas seus ritmos circadianos naturais nem sempre se alinham com esse desejo. Para começar, os profissionais demoram algumas horas para atingir seus níveis máximos de alerta e energia após o início do dia de trabalho, e esse pico não dura muito. Pouco depois do almoço, os níveis começam a diminuir, atingindo uma queda significativa em torno das três da tarde, a depender do cronotipo da pessoa. Muitas vezes, culpamos a comida que comemos no almoço, mas, na realidade, isso é apenas uma parte natural do processo circadiano. Depois das três, o estado de alerta tende a aumentar novamente até atingir um segundo pico, aproximadamente, às seis da tarde. Seguindo esse padrão, o estado de alerta tende a diminuir até a chegada da noite e durante as primeiras horas da madrugada, atingindo o ponto mais baixo por volta das três e meia da manhã. Em seguida, o estado de alerta tende a aumentar durante o restante da madrugada e início da manhã até atingir o primeiro pico pouco depois do meio-dia do dia seguinte. Um grande número de pesquisas destaca este como sendo o padrão da maioria das pessoas, embora, claro, existam as variáveis individuais. Este é o padrão do cronotipo que chamamos de **Falcão**.

Sabendo disso, os gerentes que desejam maximizar o desempenho de seus colaboradores devem considerar o ritmo circadiano ao estabelecer atribuições, prazos e expectativas. Uma ação como essa requer uma visão realista da regulação da energia humana, sempre observando que o mesmo funcionário será mais eficaz em algumas ocasiões do dia do que outros. Da mesma forma, os funcionários devem ter em conta seus próprios ritmos circadianos ao planejar seu dia. As tarefas mais importantes devem ser realizadas quando as pessoas estão perto de seus picos no estado de alerta. As tarefas, dependendo do tipo e da importância, devem ser programadas para períodos em que o estado de alerta é menor ou maior.

Infelizmente, fazemos tudo errado. Logo pela manhã, somos inundados por e-mails, mensagens de WhatsApp e outros tipos de abordagens. Então, surge o medo de perder algo ou FOMO (*fear of missing out*, no original em inglês), que causa ansiedade e nos impede de deixar essas demandas de lado, porque começamos a imaginar que os gestores vão querer resposta rápida quando isso nem sempre é verdade. Assim, o colaborador vai primeiro trabalhando com a demanda alheia para depois, quando estiver com a energia mais baixa, cuidar do que deve fazer realmente, do que é importante para si. Nesse cenário, o tempo do indivíduo não é respeitado, pois nenhum chefe sabe que existe ou entende o ciclo circadiano, um relógio interno. Então, o colaborador será sempre impelido a cumprir a agenda do gestor, e não a sua própria. Esse é o retrato de um desajuste comum entre uma estratégia ótima e o que as pessoas realmente executam. Mas devemos considerar três pontos importantes:

- Os tipos que seguem o horário comercial, mas não são bem aproveitados, conforme seu relógio interno;
- Os tipos que são diferentes da maioria, que têm ciclos que se iniciam na madrugada, antes do amanhecer, no final da tarde ou à noite, chamados de extremamente matutinos, matutinos, vespertinos e extremamente vespertinos;
- Os tipos cujos picos de energia são regidos pelos ciclos ultradianos, que são mais curtos que 24 horas.

Além de não conhecermos e, portanto, não respeitarmos o ritmo biológico de cada trabalhador, delegando tarefas em horas impróprias mesmo que seus cronotipos acompanhem o horário de trabalho, ainda existem, naturalmente, diferenças individuais nos ritmos circadianos. O padrão típico é realmente muito comum, e bate com o horário comercial ou social de trabalho. No entanto, algumas pessoas têm um ritmo circadiano mais matutino ou mais vespertino. As pessoas referidas como **Tordos** (da manhã) tendem a ter picos altos e baixos no seu estado de alerta antes do tempo de uma pessoa de cronotipo padrão. Já os **Lobos** (noturnas) estão exatamente na direção oposta a dos **Tordos** e são bem diferentes dos **Falcões**.

Para além do que acontece na idade adulta, as pessoas tendem a experimentar mudanças de cronotipo ao longo da vida. Podem ser madrugadoras quando crianças muito novas, noturnas na adolescência e, em seguida, madrugadoras novamente, à medida que se tornam idosas.

O maior desafio das empresas e de seus gestores é combinar padrões de atividade com ritmos circadianos individuais. Um **Tordo** que trabalha em horário atrasado e um **Lobo** que trabalha em uma programação precoce sofrem de incompatibilidade entre horário pessoal circadiano e o horário comercial, e vivem em *jet lag* social. Esses indivíduos sofrem com pouca atenção e energia nos momentos necessários.

No contexto de grupos, encontrar um bom tempo para uma equipe composta por **Tordos** e **Lobos** para serem eficientes pode ser algo difícil. A não ser que os gestores conheçam seus cronotipos, que devem ser observados já na entrevista de trabalho. Se houver essa compreensão e um pensamento menos focado em horário comercial apenas, essas diferenças podem oferecer oportunidades. Para organizações ou tarefas que exigem trabalho 24 horas por dia, se os gerentes puderem combinar colaboradores com diferentes relógios biológicos para trabalhar em diferentes turnos, o trabalho pode ser realizado em seus picos circadianos ou perto deles. Para isso, é preciso conhecer o cronotipo de cada indivíduo e usar essa informação para desenvolver horários de trabalho.

O horário flexível oferece uma oportunidade incrível para que os colaboradores combinem seus horários de trabalho com seus próprios ritmos circadianos. Os gestores que adotam horário flexível, energizam seus colaboradores, criando perfis prósperos, produtivos, criativos e felizes, em vez de deixá-los sem energia e lutando para ficar atentos e produtivos. As tarefas mais importantes merecem indivíduos que estão trabalhando quando estão no seu melhor e não o contrário.

Pesquisas como *Night and Day, You Are the One: On Circadian Mismatches and the Transference Effect in Social Perception,* de Arie W. Kruglanski e Antonio Pierro apontam que os desajustes circadianos contribuem para o aumento de comportamentos antiéticos simplesmente porque as vítimas não têm energia para resistir às tentações, como entrar em redes sociais e em sites de compra no horário de trabalho. As pessoas da manhã, por exemplo, são menos éticas à noite porque a sua energia está esgotada e elas perdem a capacidade de autocontrole ou autorregulação de seus mais profundos desejos momentâneos.

No pico de energia orgânica baixa, o reptiliano, área do cérebro que processa os instintos, vai se ativar fortemente com ajuda do sistema límbico, que gera emoções, e ambos prevalecerão sobre o córtex pré-frontal ou cérebro executivo que, por sua vez, sucumbe às tentações. Assim surge a procrastinação do colaborador. Não porque ele queira, mas porque os níveis de energia e atenção necessários para os trabalhos que exigem mais esforço cognitivo estão baixos.

Os colaboradores enfrentam muitas tentações para manter um comportamento ético no trabalho. Resistir a essas tentações requer energia e esforço. A energia é essencial para exercer autocontrole. E quando essa energia está baixa, as pessoas ficam mais propensas ao comportamento antiético.

É por isso que, em um mesmo dia, uma determinada pessoa pode alternar comportamentos éticos e antiéticos.

Ao longo dos últimos anos, a pesquisa sobre gestão e psicologia *Harvard's Maryam Kouchaki and a colleague*, de Isaac H. Smith, da Universidade de Utah, descobriu algo interessante: energia e ética variam ao longo do tempo. Em contraste com a suposição de que as pessoas boas geralmente fazem coisas boas e as pessoas más fazem coisas ruins, há uma evidência crescente de que pessoas boas podem ser antiéticas e as pessoas más podem ser éticas, dependendo das pressões do momento.

Por exemplo, as pessoas que não dormiram bem na noite anterior, geralmente, podem agir de forma antiética, mesmo que não sejam pessoas antiéticas. A ética está ligada a provocação e tentação, que, por sua vez, estão diretamente ligadas ao nível de energia, que está vinculada com a atividade nas áreas mais profundas do cérebro. O caso não é de falta de vontade, mas de falta de autocontrole para resistir à tentação. Energia é crucial para resistir à tentação. Pesquisas como a de Isaac H. Smith, já citada, demonstrou que **Pardais** ou **Leões** são passíveis de comportamentos antiéticos no final do dia e à noite. Por outro lado, **Corujas** ou **Lobos** são passíveis desse mesmo comportamento no começo da manhã. Não é maldade e, sim, falta de energia orgânica.

A fadiga, o estado de alerta e a energia seguem um ciclo diário previsível alinhado com o processo circadiano, por isso existem padrões comportamentais diferentes durante um dia inteiro. Se não equalizados, esses padrões comportamentais podem prejudicar toda a equipe, o projeto e a empresa. Questões como essa podem ser resolvidas facilmente se o gestor atentar para os cronotipos dos colaboradores e contratar pessoas com os relógios biológicos internos alinhados com os propósitos e necessidades do negócio. Empresas norte-americanas fazem *crowdsourcing* com empresas parceiras do outro lado do planeta para que seus trabalhos sejam feitos durante o dia e durante toda a noite, porque as regiões têm fusos horários diversos ou opostos. Assim, a empresa não para nunca.

O mesmo acontece na área de vendas, consultores e compradores podem tomar uma decisão na hora errada do dia para seu próprio cronotipo. Consultores de uma equipe podem burlar regras, agir da maneira insensata com clientes e mentir sobre os horários cumpridos e visitas realizadas. Compradores podem mentir sobre estarem ou não ocupados, podem não receber o vendedor, mentir o preço do concorrente ou colocar a decisão de compra para uma terceira pessoa, dizendo que ele gostou, mas seu chefe não aprovaria, por exemplo. Por isso, recomendo que pessoas como consultores de vendas, que controlam seus horários de trabalho, façam o teste para conhecer seu cronotipo e poder estruturar melhor seu trabalho de acordo com essa informação. Uma ação para ser mais produtivo, prospectar mais e melhor e, certamente, vender mais. É preciso conhecer também o cronotipo do comprador, que, igualmente, tem seus horários de picos de energia alta e baixa. Não importa o quão concentrado você esteja em uma tarefa, seu relógio interno determina quando seus picos naturais energia ocorrem portanto, encontre seu ritmo e o do seu cliente.

Conhecer seu cronotipo significa maximizar seu desempenho, definindo atribuições, prazos e expectativas em torno de seu ritmo individual. A regra geral é realizar as tarefas mais importantes em torno de seus picos no estado de alerta o mais rápido possível e, em seguida, abordar suas tarefas menos importantes quando seus níveis de alerta e concentração estejam mais baixos. A outra regra é ser quem você é; não tente trabalhar fora do seu ritmo interno.

É importante também ressaltar a importância do ciclo ultradiano, já que estamos tratando da produtividade máxima das pessoas. Estes são ciclos mais curtos que 24 horas, entre 90 a 120 minutos, que também influenciam no desempenho dos trabalhadores. São exemplos de ciclo ultradiano os batimentos cardíacos, a circulação do sangue, o apetite, o piscar de olhos e a respiração.

O corpo tem muitos sistemas que regulam inúmeras coisas diferentes, e cada um tem seu próprio relógio. Os relógios desses sistemas estão no esôfago, nos pulmões, no fígado, no pâncreas, no baço e até na pele, bem como no cérebro. Embora possam agir de maneira independente e de acordo com estímulos externos, como luz, temperatura e interações sociais, os sistemas se comunicam uns com os outros para que o corpo possa sincronizar e ser eficiente. E quem faz isso é o Núcleo Supraquiasmático (NSQ), situado no cérebro. Por exemplo, intestino e cérebro têm dois ritmos ultradianos separados, mas há integração e comunicação entre eles para que haja sincronização.

Os picos de energia ajudam a regular tudo, desde o fluxo sanguíneo às ondas cerebrais e até a secreção hormonal.

Esses ritmos ajudam o corpo a funcionar apropriadamente, diminuindo a ocorrência de disfunção autonômica ou do sistema nervoso autônomo. De maneira simples, depois de 90 minutos de atividade, nossos corpos precisam descansar pelos próximos 20 a 30 minutos.

A verdade é que seu cérebro só pode se concentrar totalmente por um intervalo de 90 a 120 minutos antes de precisar de uma pausa. É um ciclo básico de repouso e atividade com esse padrão temporal que nos faz ficar alertas e focados por um determinado período até ser necessária uma pausa. Respeitar estes períodos de renovação cognitiva e orgânica pode mudar seu trabalho, sua produtividade e sua vida. Para operar no nosso melhor, precisamos renovar a energia do corpo em intervalos, não só física, mas mental e emocionalmente também.

As pessoas acreditam que podem trabalhar por horas sem descansar, e chegam a considerar esse um exemplo a ser seguido. Mas não é. As pausas durante o trabalho são muito necessárias para o organismo funcionar propriamente. Acontece que nós encontramos meios artificiais de fazer a energia ser recarregada sem o descanso, como a alimentação (rica em cafeína, açúcar e gordura) e os hormônios do estresse (adrenalina, noradrenalina e cortisol). Os hormônios do estresse, especificamente, podem gerar um efeito reverso por meio da reação do córtex pré-frontal, que começa a se desligar, tornando-nos mais reativos e menos capazes de pensar claramente e diminuindo nossos reflexos. Percebe-se, então, que, além do cronotipo dos atores da relação comercial (vendedor e cliente), é importante atentar para picos de energia dos ciclos, que acontecem por causa dos ritmos ultradianos. De nada adianta ser *workaholic*, sem intervalos de descanso físico, emocional e cognitivo, se o "turno" de trabalho idealizado pela sociedade industrial não bate com o "turno" orgânico das pessoas.

O fato é que a tendência de ignorar os ciclos vitais humanos terá que desaparecer em breve. As pesquisas sobre os ritmos circadianos e ultradianos vêm avançando e continuam a mostrar que quanto mais as empresas ignoram os padrões de seus colaboradores, mais caro poderá custar sua produtividade. E não basta que as empresas criem horários flexíveis sem aprender a sincronizar os ciclos e os cronotipos dos vendendores com os horários mais apropriados e produtivos.

Os colaboradores que não respeitarem seu cronotipo sofrerão com pouca habilidade de comunicação, deterioração do desempenho profissional, problemas com foco e atenção, erros de trabalho, capacidade de aprendizado reduzida e nível de memória recente reduzida, mau humor, maior probabilidade de assumir riscos não saudáveis para a empresa, perda de flexibilidade e adaptabilidade no ambiente de trabalho. As pessoas mais produtivas são aquelas que sabem gerenciar bem seu tempo, como também sabem aproveitar ao máximo sua energia e atenção. Portanto, reorganizar o seu dia em função dos picos de energia alta é uma maneira simples e inteligente de trabalhar eficazmente.

CAPÍTULO 05

TAKE YOUR TIME, TUDO A SEU TEMPO

No primeiro capítulo, vimos que a vida está na sincronização entre seu organismo e o mundo externo, e que é fundamental você ter um ritmo compatível com o horário de trabalho e também com seu cliente. Tudo isso é importante, mas, nos dias de hoje, é preciso tomar cuidado também. Quando entra em um ritmo muito agitado, você se sente exausto e ocupado. Nossos genes não estão programados para funcionar a um ritmo tão rápido, e quase sempre não sabemos como diminuir a velocidade, como fazer com que nossos ritmos corporais funcionem de forma mais lenta. A maioria das pessoas não percebe o quanto é prejudicial se mover e agir velozmente. E, para nosso desespero, quanto maior a quantidade de trabalho entregue em menos tempo, mais a sociedade e a empresa o recompensarão.

A capacidade de ser multitarefa é uma habilidade comercial valorizada, se não exigida, pelas empresas e compradores, mas nós não temos essa capacidade aliada à atenção, ao foco e ao trabalho bem feito. Além disso, procurar ser multitarefa é desrespeitar nossos ciclos circadianos, porque não nos desligamos do trabalho. Esse comportamento não é saudável nem para você nem para a empresa, que terá um vendedor com muitas visitas e poucas vendas efetivadas. Deixe a velocidade para Usain Bolt, prefira a eficácia. Quantidade de visitas não está diretamente ligada à efetividade das vendas. Pode aumentar a probabilidade, mas não garante o fechamento. Menos velocidade pode lhe garantir um aumento no *ticket* médio de vendas.

Antes de qualquer coisa, você deve conhecer e entender o seu cronotipo. Deve reconhecer seu ritmo e estudá-lo cuidadosamente para pensar, criar, planejar e agir em sincronia com os seus relógios internos. Com tranquilidade, quando responder ao questionário do Capítulo 7 e descobrir qual é o seu cronotipo, volte a este capítulo. E só então comece a planejar seu dia. Aproveite os picos de energia para cada tarefa e veja que tudo fica mais fácil, menos cansativo e muito, mas muito mais produtivo.

Você pode estar se perguntando por que tem que passar por esse processo primeiro se o cliente é o mais importante, a quem deve dedicar toda a atenção. Não seria melhor entendê-lo antes? É impossível pensar, planejar e agir sem estar bem e em acordo com seus relógios internos. Portanto, você deve conhecer seu cronotipo primeiro para então conhecer o do cliente.

Veja, por exemplo, o caso do intestino, o nosso segundo cérebro, o chamado cérebro entérico. Nele, são produzidos em média 95% da serotonina que consumimos, um neurotransmissor com função calmante, entre outras. Se o seu intestino não está bem, possivelmente não vai produzir os níveis ideais do tal neurotransmissor que promove a calma e, portanto, você ficará irritado por estar cheio de fezes. Essa é, inclusive, a origem do adjetivo "enfezado", usado como sinônimo para irritado. O intestino é reconhecido por ter relógio e ritmo próprios. Quando nosso ciclo intestinal está regulado, costumamos dizer que funcionamos como "um reloginho", não é verdade?

Depois desse exemplo, deve estar ficando mais claro para você que é impossível escrever um bom e-mail, bem elaborado, com palavras apropriadas e vírgulas no lugar certo fora do horário biológico propício. E-mails são ótimas ferramentas que podem causar grande impacto e alavancar uma proposta. Por outro lado, podem provocar enormes desastres ou ser tão mornos quanto a água da bacia da manicure. Tudo depende do seu ânimo e discernimento ao escrever. O mesmo vale para um telefonema, porque a predisposição vai aparecer na sua voz, na prosódia da sua fala. Nossas mensagens são dependentes do nosso humor, da maneira como estamos nos sentindo no exato momento da produção do discurso.

A venda presencial deixa ainda mais explícita a necessidade de conhecer seu próprio cronotipo. É preciso estar em um momento muito verdadeiro, ou a sua mínima contrariedade vai aparecer para o cliente, mesmo que você não perceba.

Essa será a "impressão" que seu interlocutor terá de você, pois o que transparece são seus sentimentos internos. Não se engane. Não há técnica de vendas que faça você transmitir algo em que não acredita. Você pode até tentar, mas, do lado de lá, o outro organismo é tão inteligente quando o seu, e vai captar que algo está errado ou fora do eixo. Se você quer convencer alguém, convença-se primeiro. Nenhuma técnica de negociação é capaz de vencer a sua verdade que é orgânica, cresce de dentro para fora, e não o contrário.

O seu tempo nem sempre bate com o tempo da empresa, e é onde moram as dificuldades. Mas tudo a seu tempo. Em sua maioria, as metas que você tem que seguir não são traçadas em função do mercado ou ritmo da economia. Costumam ser planejadas em função do apetite dos investidores, que quase nunca estão no mesmo compasso dos seus clientes. Quer um conselho? Não se afobe. Faça o seu melhor no seu tempo, em vez do pior no tempo alheio — a não ser que estejamos falando do seu cliente.

Agora, vamos conhecer o seu cronotipo. A partir deste ponto, você vai saber qual a melhor hora para cada atividade, e, ainda mais importante, vai descobrir os seus melhores horários: pico de disposição, atenção, humor e tudo o mais que precisa para vender mais e melhor e sincronizar seus afazeres com seu clico circadiano. Lembre-se de que existem três tipos básicos: os **Tordos** ou madrugadores, os **Pardais/Leões** ou diurnos e os **Corujas/Lobos** ou noturnos. Você tomará decisões melhores e mais eficazes se buscar o autoconhecimento e adaptar essas informações à sua rotina ao seu biotempo. Sua vida vai mudar como um todo e rápido.

Existem vários testes para definir os cronotipos. O método mais utilizado para medir o cronotipo é o Questionário Morningness-Eveningness (MEQ), projetado por Horne e Östberg. Esse teste e suas variações medem as preferências autorrelatadas para os padrões de sono e o estilo de vida, incluindo o tempo de pico de atividade alerta durante o dia e o tempo do ciclo sono-vigília.

Medição das oscilações na expressão de genes do relógio circadiano nas células do folículo capilar é outro método. Os relógios periféricos do folículo capilar fornecem uma maneira não-invasiva, em tempo real e ao vivo de monitoramento dos ritmos circadianos dos participantes. Talvez seja o teste mais fiel porque não depende da percepção da pessoa ou de uma projeção do que ela gostaria de ser.

O método mais recente é o Questionário de Cronotipo de Munique (MCTQ), que também usa um questionário sobre os padrões de sono e estilo de vida, mas inclui uma medida da fase *midsleep*, ou fase do meio, do ciclo do sono de um indivíduo.

É importante que você se conheça e saiba que horário é o melhor para cada tarefa, pois umas exigem esforço mental, outras, atenção e ainda há aquelas mais fáceis que podem ser realizadas em momentos ou horários em que sua energia está mais baixa. Saiba também que, além do ciclo circadiano, existem os ciclos ultradianos e os infradianos. Aqui, o importante é prestar atenção nos ultradianos.

CAPÍTULO
06

ATENÇÃO, ENGAJAMENTO EMOCIONAL E MEMÓRIA

Atenção, engajamento emocional e memória é tudo o que você precisa de um comprador ou um consumidor. Essas três ações cognitivas vão garantir que seu interlocutor esteja focado no que você está transmitindo, que esteja não só atento, mas também emocionalmente engajado, pois de nada adianta estar focado e não ser provocado emocionalmente. É preciso entusiasmar e encantar para que o cliente consiga alcançar o terceiro estágio desejado, a memória. Para ter sucesso, seu produto ou serviço deve despertar atenção, promover engajamento emocional e produzir memória a fim de permanecer na mente do comprador, do consumidor ou de quem mais você queira persuadir.

Esses três processos cognitivos são distintos, porém dependentes entre si, e estão presentes em tudo o que fazemos na vida e tem importância para nós. Na educação é assim, no marketing e na propaganda também. Portanto, na área de vendas não seria diferente. Ou você acerta nas três etapas ou será esquecido, juntamente com seu produto, serviço ou ideias.

A atenção está diretamente relacionada com o nosso nível de energia. Se temos energia sobrando, em certos horários e nos picos, o córtex pré-frontal filtra as distrações, fixando-nos em um ponto somente, o produto e o que temos a dizer sobre ele. Mas, se a situação for inversa, o consumidor vai acabar nos dedicando menos tempos do que gostaríamos ou que seria necessário para completarmos a venda.

O mesmo vale para o engajamento emocional, que exige muito combustível energético para acontecer e, portanto, também é afetado pelo horário do dia e o cronotipo do nosso interlocutor.

E a memória está ligada diretamente ao ciclo do sono. É nesse momento do dia que ela vai se consolidar. Se algo foi marcante, importante e teve sua atenção e engajamento emocional, vai ficar gravado. Se não foi marcante, será jogado fora na faxina que o cérebro faz durante a noite enquanto dorme.

O sono é o outro lado do ciclo circadiano, em que temos baixos níveis de hormônios e neurotransmissores e altos níveis de melatonina, o que muda tudo, até as ondas cerebrais. O sono afeta também o seu nível de atenção para o dia seguinte e sua capacidade de encantamento com o que viu e ouviu durante o dia. Portanto, durma bem. Você tem a impressão de que ganha tempo dormindo menos, mas isso não é verdade. O seu cérebro e o seu organismo precisam de sono para se recompor para o dia seguinte.

ATENÇÃO

Prestar atenção a algo não é tão fácil e simples como se imagina. A nossa atenção é atraída para tantas direções diferentes ao mesmo tempo, que manter o foco é algo bastante impressionante. É uma tarefa cognitiva árdua e mesmo cansativa. Neste caso, o ciclo utradiano é importante, pois você consegue manter atenção por períodos que vão de 90 a 120 minutos, com intervalos de 20 minutos para descanso. Muitas pessoas pensam que a atenção se resume ao que estamos focando, no entanto, é mais do que isso. É também sobre quais informações o nosso cérebro está tentando filtrar. Por isso tanto esforço e, consequentemente, gasto de energia. O nível de distração nos interessa nesse ponto.

A parte frontal do seu cérebro, que é talhado para prestar atenção, parece trabalhar como um filtro que deixa informações ambientais entrarem, focando no que é de interesse naquele momento e, ao mesmo tempo, ignorando as distrações. Assim, entendemos que são duas funções: ficar atento e não se distrair. Essas ações exigem um esforço enorme e uma quantidade absurda de energia orgânica. Se o corpo não estiver abastecido, a distração vencerá a queda de braço com a atenção. Exatamente por isso é fundamental que você conheça o horário energético do seu cliente. Você pode até conseguir atenção fora desse período, mas sob um esforço tremendo seu e maior ainda do comprador.

Esses momentos de pico de energia baixa, em que temos pouca atenção e muita distração ou divagação mental, um produto ou serviço precisa ser muito atraente e não exigir esforço cognitivo para ser entendido. Não quer dizer que você não vai conseguir fechar a venda, mas não conte com muita atenção do sujeito, a não ser que seja algo que ele queira bastante e que poderá comprar sem pensar, calcular ou entender muito. A atenção baixa exige mais engajamento emocional, que deve ser rápido e eficaz, sem gastar a energia do indivíduo.

A capacidade de filtragem do cérebro é de fato uma chave para a atenção. Pessoas com TDAH (déficit de atenção e hiperatividade), por exemplo, não podem ou não conseguem inibir os distratores ambientais e, por isso, não se concentram por muito tempo em uma única tarefa. Observe, no entanto, que isso acontece com qualquer um de nós, e não só com quem sofre de déficit de atenção e hiperatividade. Nosso cérebro desliga e se distrai porque perdeu a potência natural, então é preciso recarregá-lo com descansos ultradianos ou com alimentos adequados. Mas mesmo essas medidas não serão iguais ao melhor horário daquela pessoa. Por isso, devemos observar o cronotipo do nosso cliente. A atenção é um recurso limitado que o cérebro aloca apenas para o que estima, como os itens mais relevantes ou os pensamentos em torno de coisas em um dado momento.

A privação do sono e um aumento relativo no tempo acordado são dois fatores que impactam negativamente sobre o sistema de atenção do cérebro. Clientes **noturnos e noturnos extremos**, os **Lobos**, são privados de sono porque acordam para o horário de trabalho ou comercial, mas precisavam de algumas horas a mais para o corpo e o cérebro estarem despertos. O tempo gasto acordado, por sua vez, também afeta o desempenho cognitivo relacionado à atenção principalmente nos **madrugadores** e **madrugadores extremos**, que acordam muito cedo, antes do amanhecer e já nesse instante começam a gastar energia. Obviamente, a alimentação fornecerá mais energia ao organismo, mas isso não significa que o nível de atenção será o mesmo o dia todo. A probabilidade de cair ao final da tarde é alta.

Devemos considerar que a percepção, que tem uma capacidade finita, está ligada à atenção. Se estamos realizando uma tarefa que não é perceptivelmente exigente, nossa energia pode ser tomada por uma distração irrelevante. Se, por outro lado, estamos realizando uma tarefa que nos exige uma alta carga perceptual, nossa energia é completamente consumida porque a atenção está toda voltada para tarefa, e, assim, não conseguimos perceber outros estímulos que nos rodeiam. A distração é o vilão da atenção. O que importa é a percepção da tarefa que está sendo realizada no momento, se é importante ou não.

ENGAJAMENTO EMOCIONAL

Emoção é essencial para o aprendizado e também está ligada ao que você mantém em foco e na memória. Uma emoção é capaz de começar ou encerrar um processo de aprendizagem, a depender do seu caráter positivo ou negativo. É neurologicamente impossível pensar profundamente sobre qualquer coisa com que você não esteja emocionalmente relacionado ou para a qual não dá grande importância.

A palavra emoção tem sua origem no latim *emovere*, em que o *e* significa "fora" e *movere*, "movimento". Assim emoção é algo que nos move. As emoções são resultado da evolução da nossa espécie. Fornecem a motivação para evitar ameaças e atingir metas desejadas, os prazeres, e permitiram que nossos ancestrais sobrevivessem e evoluíssem.

A ideia geral da perspectiva motivacional é que a emoção é estabelecida na ativação de circuitos neurais envolvidos na garantia da sobrevivência individual e da prole. Originalmente, esses circuitos motivacionais são ativados por um estímulo significativo, que representa uma oportunidade ou ameaça de sobrevivência ou reprodução do organismo. Esse estímulo engaja e aumenta a atenção e facilita o processamento perceptivo; também ativa uma série de respostas reflexas que mobilizam ou levam o organismo à ação.

Não é por acaso que você se concentra melhor quando está realmente engajado em uma tarefa. A concentração acontece quando o córtex pré-frontal, a área executiva do cérebro que filtra as distrações e controla as tarefas cognitivas, é inundado com um coquetel de neurotransmissores, hormônios e neuro-hormônios. A dopamina, por exemplo, é um neurotransmissor ligado ao prazer, que age quando você come algo gostoso, tem relações sexuais, ou se depara com algo novo e excitante.

O processo de inundação química é simples e acontece quando os níveis de dopamina aumentam. Inconscientemente, você quer mais daquele sentimento bom, então, para mantê-lo ou aumentar a sensação, seu cérebro é induzido a se concentrar na ação que você está executando. Mas, por outro lado, quando a sua atenção começa a vacilar, seus níveis de dopamina caem e você começa a procurar uma nova fonte de atração para elevá-los novamente.

A base neural do engajamento está diretamente ligada à função de ameaça e recompensa. Quando alguém está completamente engajado, há a ativação do circuito de recompensa e autorregulação e a dopamina é liberada diretamente no córtex pré-frontal e regiões associadas, afetando positivamente uma ampla gama de funções cognitivas e emocionais que aumentam os recursos e a conectividade funcional do cérebro. É nesse momento que o indivíduo recebe uma mensagem de que a atividade é prazerosa, gratificante e agradável. Esse processo ativa em nós a necessidade de mais atividades com esse perfil, cuja recompensa é uma descarga maior de dopamina. Nesse estado de recompensa, experimentamos recursos cognitivos para resolver problemas complexos com visão e criatividade. A área pré-frontal está ligada à atenção, ao engajamento emocional e também à memória. Na atividade cerebral, há ativações ao redor do córtex, em regiões envolvidas com cognição, memória e significação, e até mesmo em todo o caminho em direção ao tronco cerebral.

Os ritmos circadianos, como vimos, são alterações na fisiologia que dão origem aos padrões diários coordenados de atividade celular, à secreção de hormônios, à função do sistema nervoso central e, por fim, ao comportamento. Os relógios circadianos permitem a sincronia do meio interno e a antecipação de alterações previsíveis no ambiente. Os processos afetivos também estão neste pacote de funções afetadas pelo ciclo circadiano. A influência do sistema circadiano na regulação afetiva impacta diretamente nosso estado emocional, provocando alterações de humor e comportamento. As perturbações dos ciclos sono-vigília, por exemplo, e as anomalias do ritmo circadiano são fatores de risco importantes para o aparecimento de perturbações psiquiátricas como a depressão e o distúrbio bipolar em adolescentes.

Quando os animais, por exemplo, alternam entre diurnos e noturnos, os modos sazonais dos seus comportamentos, não estão simplesmente respondendo passivamente às mudanças nas condições de luz externa. Eles respondem a estes sinais como um marcapasso que busca sincronia com as rotações da Terra, antecipando as transições do dia para noite e vice-versa, e assim desencadeiam as adaptações do organismo às modificações das condições de luz, espelhando-se ao mundo lá fora.

A sincronia com o ambiente das áreas motora e emocional e dos ritmos interpessoais é fundamental no desenvolvimento da comunicação social. A sincronização de ritmos permite o ajuste e adaptação ao ambiente externo. O papel essencial da melatonina no estabelecimento de ritmos circadianos e a sincronização da rede relógios internos apontam que este hormônio também está envolvido na sincronia da área motora com a emocional e com os ritmos interpessoais.

Por isso criar engajamento emocional é tão importante para manter o comprador ou consumidor atento e concentrado no que você diz, mostra ou apresenta. Contar histórias de sucesso com o produto ou o serviço em foco, que tenham o arco emocional, é uma das formas de você criar engajamento emocional. Podemos mudar um comportamento modificando a química cerebral. E a química cerebral pode ser mudada com uma boa história.

MEMÓRIA

Memórias consolidadas e mantidas à custa de outras continuam a ser a questão central no domínio da aprendizagem e da memória. Os ritmos circadianos estão entre os responsáveis por esse processo de formação e consolidação da memória. O hipocampo, região cerebral responsável pela formação de memórias de longo prazo, não está imune à presença do ciclo circadiano. É no sono noturno que a memória se consolida.

Não são poucos os estudos que sugerem que a aprendizagem e a memória, tanto na sua formação, quanto na lembrança em si, bem como processos de recompensa são sensíveis a perturbações dos ritmos de sono e circadiano. Curiosamente, a maioria dos genes-relógio está em áreas do cérebro envolvidas na aprendizagem, na memória e na recompensa, como a amígdala, que são duas pequenas áreas cerebrais que lidam com as emoções, o hipocampo e a área tegmentar ventral. Assim, concluímos que os ritmos biológicos internos que acompanham a rotação terrestre em suas manifestações diurna e noturna e a mudança de estações influenciam diretamente a nossa atenção, o engajamento emocional e a formação de memórias. A influência dos ritmos circadianos na memória há muito tem sido investigada. Esses ritmos são reconhecidos por sincronizar as fases de atividade e inatividade, e só recentemente demonstrou-se que essa sincronização acontece na maioria das regiões do cérebro, bem como da periferia, controlando fisiologia complexa que varia desde termorregulação e sensibilidade olfativa até a secreção hormonal, o metabolismo e os processos de memória. O hipocampo apresenta ritmicidade circadiana para favorecer a consolidação da memória.

A memória é o processo cognitivo que faz a inclusão, a consolidação e a recuperação de toda a informação que apreendemos. É um sistema de armazenamento que permite reter a informação e também evocar essa mesma informação. A memória pode flutuar durante o dia. Isso significa que os adultos, por exemplo, tendem a ter um aumento do esquecimento com o passar das horas. Em média, esquecemos cinco fatos pela manhã, mas à noite este número sobe para 14.

Esse é o padrão de um indivíduo que pertença à categoria dos **Ursos**, que levantam com o amanhecer e vão se esgotando mentalmente ao entardecer. Outros cronotipos, como o **Leão**, por exemplo, têm sua capacidade de memória diminuída antes do final do dia, e os **Lobos** e jovens, ao contrário, têm sua capacidade aumentada. O que faz toda diferença quando é preciso que o cliente se lembre de você, do seu nome, do seu número de telefone ou WhatsApp e até de onde colocou seu cartão de visitas.

A lembrança, assim como o aprendizado, é resultado da força das conexões entre neurônios. Quando criamos uma memória, os sinais entre as células disparam mais facilmente e produzem respostas mais robustas. Se a atividade se repetir pela lembrança, as ligações se ampliam para outros neurônios, formando uma rede bem conectada em que as células nervosas disparam juntas sempre que são ativadas e isso vai tornando a atividade permanente. Por isso você não precisa pensar para dirigir ou para andar de bicicleta ou ainda lembrar seu telefone. Mas você pode, sim, esquecer seu telefone, dependendo da hora do dia, do passar do tempo desde que acordou e de acordo com seu cronotipo (sua temperatura corporal e nível de energia).

A recuperação da memória pode ocorrer de duas maneiras: uma deliberada ou explícita, como quando se tenta recuperar um evento ou fato; e a outra não intencional ou implícita, como quando o comportamento de alguém é desencadeado pelo passado sem conhecimento ou consciência. Avaliamos a eficácia desses sistemas de recuperação em função da excitação circadiana e da hora do dia. A lembrança explícita revela melhor desempenho para cada faixa etária em seu horário de pico de alta energia. Por outro lado, o desempenho da memória implícito é mais eficaz em horário de pico de baixa energia. Isso mostra que os processos que atendem a recuperação de memórias explícitas e implícitas estão ligadas a diferentes horários circadianos e destaca a necessidade de considerar as diferenças individuais na excitação circadiana ao observar sua memória.

A memória, o engajamento emocional, o estado de alerta ou atenção e também a capacidade de aprender e pensar com clareza estão diretamente ligados ao ciclo circadiano e ao cronotipo das pessoas. Essas atividades mentais podem variar de 15 a 30% no decorrer das horas do dia. A maioria dos adultos alcança o pico máximo dessas atividades cerebrais entre 2,5 e 4 horas após seu despertar. Os jovens e o grupo da "melhor idade" têm índices diferentes destes porque sofrem modificação do cronotipo original. Os primeiros ficam mais próximos do **Lobo** ou da **Coruja**, ou seja, são noturnos extremos, e os mais velhos tendem a ficam mais próximos do **Leão**, isto é, madrugadores. A maior parte das pessoas que encontraremos em vendas estará na idade adulta, mas, em todo caso, você já sabe também o padrão de jovens e daqueles com idade mais avançada.

A temperatura do corpo é responsável pelas variações mentais de picos de atenção, memória e engajamento emocional. Os níveis da temperatura corporal influenciam direta e indiretamente o desempenho mental porque a função dos neurônios está ligada a esse evento orgânico. Temperaturas mais altas, por exemplo, resultam em uma transmissão mais rápida de impulsos dentro dos neurônios e na comunicação entre eles. Assim, os picos altos mentais acontecem nas horas de maior temperatura, perto do despertar; e com os picos baixos há uma queda no desempenho cognitivo, perto do anoitecer. Temperatura corporal se relaciona com a atenção visual, com o alerta, com a memória e também com o tempo de reação do indivíduo. A temperatura está ligada à inibição ou supressão de distrações, informações não pertinentes e irrelevantes, que atrapalhem a sua mensagem, seja ela via e-mail, pelo telefone ou mesmo presencial. Mais do que isso, a temperatura corporal também afeta a tomada de decisão.

Inibir a distração é difícil porque o cérebro vaga, já não tem energia nem condições de temperatura para conseguir focar. Então, todos devem usar seus picos de alta energia para as tarefas que exijam atenção focalizada, que contenham informações complexas ou recuperação delas (memória explícita) e controle de reações. E você, como vendedor, precisa ter isso sempre em mente para conseguir a atenção do seu cliente, caso contrário perderá uma grande oportunidade, quiçá a única delas. Nos picos de baixa energia, provoque os clientes com mensagens leves, divertidas, criativas.

E essas recomendações não valem só para clientes. Nos picos de energia alta, faça a parte do trabalho que exige sua concentração máxima, como escrever um e-mail "matador" ou pesquisar sobre seus clientes, que são tarefas mentais que nos exigem maior atenção, mais foco e concentração. Já os horários de baixa energia e temperatura, crie estratégias, mensagens e ações criativas. Essas horas de baixa são tão produtivas quanto as de alta, mas para atividades diferentes. Lembre-se sempre disso.

Fica claro, portanto, que se você, consultor de vendas, quer ter a atenção de alguém, causar engajamento emocional com sua mensagem e para com o seu produto ou serviço, além de marcar a memória do cliente, é necessário não só compreender o ciclo circadiano, mas o cronotipo do comprador ou consumidor. E não me diga que é difícil saber os tipos dos clientes, basta olhar em suas redes sociais e ver qual o horário que ele posta e curte postagens ou ainda perguntar, em uma conversa informal, sobre seus horários nos finais de semana. Já em relação ao *prospect*, a pessoa que você ainda não conhece, basta fazer um cupom de sorteio valendo um brinde ou prêmio com um pequeno questionário de uma ou duas perguntas. A partir daí, é só montar um banco de dados com informações de itens de compra e frequência e também de cronotipo para que você saiba a melhor hora para fazer um contato, a melhor hora para vender, a melhor hora para fazer uma reunião e assim por diante.

CAPÍTULO 07

DESCUBRA O SEU CRONOTIPO

A seguir, você vai preencher o Questionário Morningness-Eveningness (MEQ). Ele consiste em 19 perguntas e resulta em números que variam de 16 a 86, indicando, conforme a pontuação alcançada, o cronotipo da pessoa. São perguntas sobre seus hábitos diários de sono-vigília e as horas do dia que você prefere para realizar determinadas atividades. Responder leva poucos minutos. Siga as instruções abaixo e some os pontos da coluna da direita para encontrar a pontuação total que definirá seu cronotipo:

- Leia com muito cuidado antes de responder.
- Por favor, responda cada pergunta o mais sinceramente possível.
- Responda todas as perguntas.

- Cada pergunta deve ser respondida de forma independente das outras. NÃO volte e verifique suas respostas.

1. Que horas você levantaria se fosse totalmente livre para planejar seu dia?

   5h – 6h30 .... 5 pontos
   6h30 – 7h45 .... 4 pontos
   7h45 – 9h45 .... 3 pontos
   9h45 – 11h. .... 2 pontos
   11h – 12h .... 1 ponto
   12h – 17h .... 0 ponto

2. A que horas você iria para a cama se fosse totalmente livre para planejar sua noite?

   20h – 21h .... 5 pontos
   21h – 22h15 .... 4 pontos
   22h15 – 0h30 .... 3 pontos
   24h30 – 1h45 .... 2 pontos
   1h45 – 3h. .... 1 ponto
   3h – 8h .... 0 ponto

3. Se houver uma hora específica para se levantar de manhã, até que ponto você depende de ser acordado por um despertador?

   Nada dependente .... 4 pontos
   Um pouco dependente .... 3 pontos

Bastante dependente..................................... 2 pontos
Muito dependente .... 1 ponto

4. É fácil para você se levantar pela manhã (quando não é acordado inesperadamente)?

Nada fácil... 1 ponto
Não é muito fácil.. 2 pontos
Bastante fácil... 3 pontos
Muito fácil... 4 pontos

5. Você se sente alerta durante a primeira meia hora depois de acordar pela manhã?

Nada alerta... 1 ponto
Ligeiramente alerta..................................... 2 pontos
Bastante alerta... 3 pontos
Muito alerta .... 4 pontos

6. Você sente fome durante a primeira meia hora depois de acordar pela manhã?

Nenhuma fome.. 1 ponto
Pouca fome... 2 pontos
Bastante fome.. 3 pontos
Muita fome.. 4 pontos

7. Você se sente cansado durante a primeira meia hora depois de acordar pela manhã?

Muito cansado .... 1 ponto
Bastante cansado .... 2 pontos
Bastante renovado .... 3 pontos
Muito renovado .... 4 pontos

8. Se você não tem compromissos no dia seguinte, a que horas você vai dormir em comparação com sua hora habitual de se deitar?

Raramente ou nunca mais tarde .... 4 pontos
Menos de uma hora depois .... 3 pontos
Uma ou duas horas depois .... 2 pontos
Mais de duas horas depois .... 1 ponto

9. Você decidiu praticar exercícios físicos. Um amigo sugere que você faça isso por uma hora duas vezes por semana. O melhor momento para esse amigo seria entre 7h e 8h da manhã. Tendo em mente nada além do seu próprio "relógio" interno, como você acha que se sairia nesse horário?

Estaria em boa forma .... 4 pontos
Estaria em razoável forma .... 3 pontos
Encontraria dificuldades .... 2 pontos
Acharia muito difícil .... 1 ponto

10. Qual hora do dia sente cansaço porque precisa dormir?

20h – 21h .... 5 pontos
21h – 22h15 .... 4 pontos

22h – 0h45 .... 3 pontos
0h – 2h .... 2 pontos
2h – 3h .... 1 ponto

11. Você quer estar no seu melhor desempenho para fazer um teste mentalmente cansativo e que durará duas horas. Você é totalmente livre para planejar seu dia. Considerando apenas seu próprio "relógio" interno, qual dos quatro tempos de teste você escolheria?

8h às 10h .... 4 pontos
11h às 13h .... 3 pontos
15h às 17h .... 2 pontos
19h às 21h .... 1 ponto

12. Se você foi para a cama às 23h, qual seria o seu nível de cansaço?

Nenhum cansaço .... 1 ponto
Pouco cansaço .... 2 pontos
Bastante cansaço .... 3 pontos
Muito cansaço .... 4 pontos

13. Você foi para a cama depois do habitual, mas não há necessidade de acordar em qualquer horário específico na manhã seguinte. Qual das opções é a mais provável?

Acordar no horário habitual,
e não voltar a dormir .... 4 pontos

Acordar no horário habitual e,
depois disso, cochilar.................................. 3 pontos
Acordar no horário habitual,
mas adormecer novamente.......................... 2 pontos
Não acordar até que
passe do meu horário habitual .... 1 ponto

14. Uma noite, você deve permanecer acordado entre 4h e 6h da manhã. Você não tem compromissos no dia seguinte. Qual das alternativas será melhor para você?

Não dormir até o horário chegar .... 1 ponto
Soneca antes e dormir depois .... 2 pontos
Dormir antes e soneca depois .... 3 pontos
Dormir somente antes .... 4 pontos

15. Você precisa fazer duas horas de trabalho físico duro e é totalmente livre para planejar o seu dia. Considerando apenas o seu próprio "relógio" interno, qual dos seguintes momentos você escolheria?

8h – 10h .... 4 pontos
11h – 13h .... 3 pontos
15h – 17h .... 2 pontos
19h – 21h .... 1 ponto

16. Você decidiu praticar exercícios físicos. Um amigo sugere que você faça isso por uma hora duas vezes por semana. A melhor hora para esse amigo seria entre 22h e 23h. Tendo

em mente nada além do seu próprio "relógio" interno, como você acha que se sairia nesse horário?

Estaria em boa forma .... 1 ponto
Estaria em razoável forma .... 2 pontos
Encontraria dificuldades .... 3 pontos
Acharia muito difícil .... 4 pontos

17. Você pode escolher suas próprias horas de trabalho. Um dia, você trabalhou cinco horas (incluindo intervalos). Que intervalo de cinco horas consecutivas escolheria?

Cinco horas começando entre 4h e 8h .... 5 pontos
Cinco horas começando entre 8h e 9h .... 4 pontos
Cinco horas começando entre 9h e 14hs .... 3 pontos
Cinco horas começando entre 14h e 17h .... 2 pontos
Cinco horas começando entre 17h e 4h ...... 1 ponto

18. Em que intervalo do dia você acha que atinge seu pico de bem-estar?

5h – 8h .... 5 pontos
8h – 10h .... 4 pontos
10h – 17h .... 3 pontos
17h – 22h .... 2 pontos
22h – 5h .... 1 ponto

19. Sabemos da existência de tipos "matutino" e "noturno". Você se identifica com qual desses tipos?

Definitivamente "matutino" .... 6 pontos
Mais "matutino" do que "noturno" .... 4 pontos
Mais "noturno" do que "matutino" .... 2 pontos
Definitivamente "noturno" .... 0 pontos

Agora, some os pontos e compare com os resultados abaixo para descobrir seu cronotipo, do seu cliente ou, ainda, dos colaboradores da sua empresa.

De 16 a 30 – cronotipo **Lobo**
De 31 a 41 – cronotipo **Lobo moderado**
De 42 a 58 – cronotipo **Urso**
De 59 a 69 – cronotipo **Leão moderado**
De 70 a 86 – cronotipo **Leão**

Observação: em pessoas mais novas, pré-adolescentes, adolescentes e jovens universitários, os resultados do MEQ tendem a ser distorcidos na direção dos tipos da noite, mais **Lobos**. Por outro lado, os mais velhos, a partir dos 60 anos, tendem a ser mais matutinos, mais **Leões**.

CAPÍTULO
08

DESCUBRA O CRONOTIPO DO SEU CLIENTE

O teste que você acabou de fazer para descobrir seu cronotipo, Questionário Morningness-Eveningness (MEQ), é perfeito para fazer sua própria análise, mas não convém pedir que seu cliente faça esse mesmo teste e lhe entregue o resultado. Há situações em que você nem conhece o cliente porque ainda está na primeira visita de vendas ou ele acabou de entrar em sua loja. Assim, para esses cenários, existem algumas perguntas básicas que podem identificar qual o tipo do seu *prospect* ou cliente.

Vamos começar pelos *prospects*, isto é, aqueles que ainda não conhece e quer marcar uma visita ou mandar um e-mail. Se você nunca se encontrou com a pessoa, causa estranheza fazer perguntas sobre o dia dela e sua disposição. Então, a melhor opção é observar suas redes sociais. Busque o perfil dela no Instagram, no Facebook, no Twitter e também no LinkedIn. Logo em cima da postagem, o programa informa o horário ou o tempo decorrido. Faça o cálculo. O horário também pode constar em postagens mais antigas.

PARA PROSPECTS
OBSERVE O HORÁRIO DE POSTAGEM COSTUMEIRO DO INDIVÍDUO

Se você identificar que seu *prospect* posta pela manhã, logo cedo, entre sete e nove horas, certamente ele é um madrugador, um **Leão**. O **extremo Leão** é aquele que posta até às sete e meia. Entre uma e duas horas depois de despertos, esses tipos já estão com a melatonina lá embaixo e os hormônios lá no alto. Então, surge o ímpeto de falar, de se comunicar e se sentir parte do bando. "Estou vivo, estou aqui, estou falando."

Notando as postagens entre nove e onze da manhã, você pode apostar no **Urso**, uma criatura diurna que amanhece com o sol e adormece com a lua.

Já aqueles que postam muito mais à noite, certamente são **Lobos**, que gostam de uivar à noite e na madrugada para chamar a atenção da matilha e se comunicar com ela.

Fique atento também às postagens do *prospect*. Se é café da manhã em uma padaria ou loja de conveniência, por exemplo; um almoço entre amigos; ou um jantar.

Observe o horário em que o *prospect* se comunica com você quando manda uma mensagem pelo Messenger ou por e-mail, por exemplo. Se é logo cedo pela manhã, no final da manhã, no final do dia ou à noite. Naturalmente, nos comunicamos em horários que estamos mais dispostos, mais alertas e de bom humor.

PARA JÁ CLIENTES

"Qual a sua refeição predileta?" é uma pergunta fácil para identificar o cronotipo do seu cliente e os horários em que você terá abordagens mais bem-sucedidas.

Leões amam o café da manhã, **Ursos**, os almoços e os **Lobos**, o jantar. Isso não significa que não gostem de comer em outros horários, apenas que preferem uma refeição a outra. Essa preferência é resultado da sincronização entre ciclos e horários internos do sistema digestivo.

Quando o assunto permitir e você tiver intimidade com o cliente, pergunte a que horas ele acorda nos dias de folga. Esta pergunta é típica, direta e vai fornecer a informação de que você precisa: o cronotipo do seu cliente.

É importante se referir aos dias de folga, feriados e férias na pergunta, para não incidir no erro do *jet lag* social. Se você fizer referência aos dias da semana, a princípio todo mundo lhe parecerá **Urso** pela necessidade intrínseca ao dia últil de levantar bem cedo para trabalhar. Pode ser que você confunda até **Lobo** com **Urso**, pois os dois têm que acordar no mesmo horário de trabalho, mesmo que não queiram, e não no horário biológico que nos interessa aqui. Tem até **Lobo** que vai parecer **Leão**, se morar longe do trabalho e precisar madrugar para pegar várias conduções e não chegar atrasado. Entenda que essas variações são exceções que não podem ser usadas para determinadas cronotipos. Perguntar sobre vida social e *hobbies* também ajuda. **Lobos** vão lhe dizer que gostam de sair e socializar à noite, é da natureza deles, afinal. **Ursos** gostam também, mas não de programas que se estendam até muito tarde, pois seu organismo vai começar a pedir descanso. Um teatro ou um show que não passe das onze ou meia-noite é o ideal para eles. Já os **Leões** sempre estão cansados à noite, e sair nesse período é um sacrifício enorme a que eles nem sempre estão dispostos.

Como quase nunca é algo obrigatório, o comportamento social pode facilmente revelar o cronotipo em uma simples conversa com o cliente. Preste atenção a isso para você não fazer convites errados. **Lobo**, **Leão** e **Urso** podem ir ao evento de lançamento do seu produto à noite, mas haverá diferença no nível de humor, de atenção e até de engajamento de cada um deles. O mesmo vale para eventos matutinos. No entanto, com um almoço você não erra com nenhum dos três. O **Urso** gosta desse horário naturalmente, o **Leão** vai precisar ganhar energia para o resto do dia, e o almoço é o combustível, e possivelmente essa será a primeira refeição do **Lobo**, o que também é bom.

Há uma pergunta que pode ser feita, de maneira mais leve como uma observação de um comentário. "Você gosta de gente animada pela manhã?" Os **Lobos** detestam pessoas felizes pela manhã; normalmente, gente animada logo cedo os deixa irritadiços. **Lobos** querem ficar quietos porque estão sem energia pela manhã. **Leões** são efusivos ao amanhecer e estão com toda sua química orgânica em alta, o que os deixa animadíssimos, comportamento percebido pelos gestos, pela voz alta, pelo discurso enfático, pelos e-mails, pelas reuniões marcadas bem no início do dia. **Leões** evitam **Lobos** no final da tarde e à noite. Chefes **Lobos** são aqueles que trazem demandas novas para para **Leões** faltando 10 minutos para o fim do expediente e para o descanso.

Voltando às redes sociais, o WhatsApp também é um bom identificador de cronotipos. **Lobos** não se manifestam de manhã, a não ser que sejam provocados. Detestam figurinhas matinais, *emoticons* animadíssimos ou com gatinhos dando "Bom-dia!". **Leões** fazem o mesmo no final do dia e à noite, pois já não têm paciência com os grupos de amigos, de estudo ou ainda da família. Já os **Ursos** estão atentos durante o dia e conversam normalmente. Lembre-se que este cronotipo não tem *jet lag* social, pois está perfeitamente adaptado aos horários comerciais.

Quero que você preste muita atenção também ao **extremo Leão** e ao **extremo Lobo**, que têm um cronotipo ainda mais diferente dos próprios **Lobos** e **Leões**, muito mais desvinculado do horário comercial. Possivelmente, esses tipos extremos responderão de maneira menos convencional às suas perguntas.

Não é nada difícil identificar os tipos, mas as perguntas propostas neste capítulo farão este trabalho para você. Se observar o indivíduo, o horário predileto para as postagens e as refeições, preferência por acordar mais cedo ou mais tarde e hábitos da vida social, descobrirá facilmente os melhores horários para persuadir esse cliente.

CAPÍTULO 09

A MELHOR HORA PARA VENDER

ESGOTAMENTO MENTAL E TOMADA DE DECISÃO

Existe uma discussão sobre a existência ou não do esgotamento do ego, em inglês *ego depletion*, e a sua relação com a tomada de decisões e com a atenção. O esgotamento do ego é a queda de energia no cérebro que torna as pessoas menos atentas e menos reflexivas, sem energia para ter consciência e pesar os prós e os contras. Assim, pessoas com baixa energia para alimentar o cérebro, tomam decisões sem pensar muito.

As compras por impulso, por exemplo, aquelas que você justifica dizendo que "comprou porque merecia", acontecem muito em função desse fenômeno, que também estraga regimes e promessas, entre outras coisas. O indivíduo fica mais indulgente consigo mesmo quando está com baixos níveis de energia.

Outro conceito importante é o do metabolismo basal, ou seja, a energia mínima disponível para o corpo funcionar de maneira adequada e apropriada. O metabolismo basal deve ser capaz de garantir, por exemplo, as atividades do sistema nervoso, portanto, influencia na capacidade de exercer o autocontrole. Embora o cérebro constitua apenas 2% do peso corporal total, suas demandas metabólicas são extremamente altas. O órgão utiliza cerca de 20% do oxigênio total e 20% do consumo total de glicose.

A fadiga, por exemplo, é um processo físico-químico que acontece dentro do organismo basicamente por um processo chamado em Medicina de neuroglicopenia, que é o mesmo que dizer que o cérebro está sofrendo com escassez de glicose (glicopenia), causada, geralmente, por hipoglicemia, quando os níveis de açúcar no nosso sangue estão abaixo do ideal. Portanto, quando estamos fadigados, a ponto de adormecer em pé, porque estamos sobrecarregados de tarefas mentais ou físicas, o cérebro usa a glicose, que é essencialmente açúcar, como fonte de energia. A glicopenia afeta as funções dos neurônios e, consequentemente, as funções cerebrais e o comportamento do indivíduo. Ocorrências prolongadas de neuroglicopenia podem resultar em dano permanente ao cérebro.

O esgotamento metabólico acompanha os níveis de glicose. Como o cérebro demanda quantidades enormes de energia é, portanto, um grande consumidor de glicose. Na maioria dos casos, tirar uma soneca restaura os níveis glicêmicos. E com a energia restaurada, ficamos mais propensos a colocar nossos diversos desafios e gatilhos de estresse em perspectiva. Consumir alimentos doces tem o mesmo efeito. Se você responde ao estresse comendo bolos ou balas, não é muito diferente de quem tira uma soneca após o almoço. Ambas são soluções do organismo para recuperar o cérebro e a consciência dos seus atos. Exercício físico também ajuda a recuperar energia do organismo e produzir um novo pico de energia alta para terminar a jornada do dia. Até recentemente, a maioria dos cientistas acreditava que o cérebro usava a maior parte da sua energia para alimentar os neurônios. Hoje, no entanto, sabemos que essa função utiliza dois terços do "orçamento energético" do cérebro. O terço restante é usado para a "manutenção doméstica" ou manutenção da saúde celular.

É muito curioso quando as pessoas separam esgotamento físico do mental. Nosso organismo é físico-químico, portanto, não há separação. Sempre que você achar que está esgotado emocionalmente, saiba que este é um problema de ordem química, significa que os níveis dos seus neurotransmissores ou dos seus hormônios estão baixos, provocando queda na sua energia. Os processos físico-químicos da mente são os responsáveis pelas suas decisões sobre tomar uma atitude, prestar atenção, focar em algo, comprar por impulso.

Os combustíveis cerebrais se esgotam todos os dias e são restabelecidos à noite, com sono terapêutico de qualidade, relaxamento e a alimentação. O excesso de estresse, por exemplo, acentua esse processo de esgotamento e ainda pode inibir o restabelecimento. O esgotamento dos níveis de combustível cerebral tem duas causas: o gasto excessivo e o restabelecimento precário. E, quando a neurotransmissão (ou comunicação entre as células cerebrais) é prejudicada, a função de toda a rede neuronal fica comprometida, gerando confusão mental, atos impulsivos ou fora do controle. Nosso poder de raciocínio é igualmente afetado, assim como nossa capacidade de tomar decisões conscientes e coerentes.

Altos níveis de adrenalina também são um problema, porque o estado de "alerta" constante que é gerado no corpo e no cérebro é um excesso. Esse processo acaba com as reservas de energia do organismo, abrindo espaço para o aparecimento de efeitos negativos, como ansiedade e insônia. Cenários como esse revelam a importância do sono e dos processos circadianos em nossa vida.

Estudos de imagens cerebrais revelaram um aspecto fascinante em nossas vidas mentais: duas redes cerebrais em larga escala que funcionam de maneiras opostas, porém complementares. À medida que uma aumenta a atividade, a outra diminui, e vice-versa. Uma rede está centrada na tarefa envolvendo atenção focada e esforço mental, mantendo o cérebro em marcha. Esse é o tipo de cognição implantada quando trabalhamos para resolver problemas, tomar decisões ou perseguir o objetivo. A outra rede promove despedida mental e mantém o cérebro em ponto morto. Esta rede lança associações espontâneas e está relacionada com o sonhar acordado, o pensamento, a imaginação e a introspecção.

Pessoas no seu tempo ótimo são mais eficientes na desativação da rede mental errante quando precisam se concentrar em uma tarefa e colocam mais esforços na atividade relacionada ao controle cognitivo na rede de foco envolvendo a memória funcional. Já aqueles que estão fora do seu pico cognitivo executivo tendem mais a vagar com pensamentos irrelevantes enquanto tentam se concentrar em uma tarefa. O que não quer dizer que um é correto e o outro, errado. A mente vagando pode atender a muitas funções adaptativas, como planejamento futuro e criatividade.

Como vimos até aqui, tudo o que pensamos, planejamos e sentimos é mediado por química e física. Inclusive a nossa tomada de decisão. Assim, se faltar energia no seu organismo e, consequentemente, no seu cérebro, você tomará decisões insensatas, instintivas. O esgotamento do metabolismo basal acarreta queda de energia, o que torna o cliente mais autocomplacente, sem muito controle emocional, e capaz de perdoar seus erros. O cliente sabe que aquilo não é bom para ele, mas o esgotamento metabólico busca dopamina, o prazer imediato. Nesse contexto, não é a consciência que prevalece, mas, sim, os instintos e as emoções, que são processados em áreas mais primitivas do cérebro humano (no reptiliano e no límbico), nublando a decisão consciente que acontece no córtex pré-frontal.

Então, o esgotamento mental leva às decisões mais impulsivas, mais automáticas e autocomplacentes. Isso significa que você, vendedor, tem que se entender, compreender seu cronotipo e usar muito bem sua energia mental na abordagem do cliente no ato da venda. Já o esgotamento mental do cliente funciona como um empurrãozinho na compra. Obviamente, a qualidade do seu produto, serviço ou ideia é relevante nesse processo, pois bens de consumo com percepção ruim não vendem. Seu "discurso" de vendas também fará diferença, assim como seu comportamento, sua ações e suas microexpressões faciais. Mas tenha a certeza de que o cliente estará pré-disposto, porque os padrões de motivação internos, a serem provocados, são os mesmos para todos — somos da mesma espécie e, em ambiente controlado, a tendência é agirmos da mesma maneira. Se eu colocar você e mais 49 pessoas em uma sala, com ar-condicionado em temperatura baixa, e disponibilizar sopas e saladas, a maioria, com raras exceções, vai escolher a sopa, porque terei provocado os organismos na direção desejada.

Um vendedor precisa lançar mão de exercícios físicos, alimentação correta e bom sono para ter combustível para o organismo e, fundamentalmente, para o cérebro. Quem vai vender precisa estar ligado, "on". Por outro lado, para ser criativo e pensar em estratégias diferentes é melhor estar desligado, considerando que a criatividade é ativada quando o cérebro começa a vagar devido ao cansaço. Momentos "off" são ótimos para novos *insights* de vendas.

O consumidor favorece a venda de bens por impulso — produtos, ideias ou serviços que tragam prestígio para marca, mexam com seus instintos de sobrevivência e reprodução, e que não demandem muita reflexão — nos momentos de picos de energia baixa, quando está mais autocomplacente. Mas, se os bens demandam uma compreensão maior, um esforço cognitivo mais apurado, os momentos de pico de energia alta são os ideais para abordar esse cliente. Às vezes, você poderá usar ambas as estratégias em uma mesma venda. Por exemplo, mostrando um apartamento para o casal, em que uma parte demonstra muito interesse, em momentos de energia baixa com base no cronotipo da outra parte; e discutindo o financiamento em um momento de energia alta do casal, para que as partes possam ter bem clara a proposta em suas mentes. Fique atento aos sinais da parte mais impulsiva do casal.

VENDA NO TEMPO "ON" E NO "OFF"

Toda pessoa tem seu tempo "on", momentos com altos níveis de energia, muito atentos, animados e bem despertos, e também o tempo "off", em que estamos com a energia baixa, desatentos e pouco dispostos. Mas não podemos ser cartesianos e achar que no tempo "on" nosso cliente está disposto a comprar e no "off", não. Apesar de ser tentador, esse raciocínio é muito simplista para quem quer entender o organismo e o cérebro humano.

São nessas janelas de tempo que processamos as informações externas, ou ambientais, e as internas de maneiras diferentes, tudo em função do nível de consumo de energia do cérebro.

A atenção, por exemplo, é um recurso que demanda gasto energético cerebral, assim como o cálculo e o raciocínio lógico, que, por isso, diminuem com o passar do dia.

NO TEMPO "ON":

1. O processamento mental é consciente, cuidadoso e deliberado;

2. A memória usada é a explícita ou a declarativa, que requer participação consciente e envolve o hipocampo e o lobo temporal;

3. Há mais foco e mais atenção;

4. Há uma capacidade de autocontrole inibitório de distração;

5. A tomada de decisão é feita de maneira consciente;

6. Estado de vigília ótimo;

7. Há planejamento do movimento voluntário;

8. Raciocínio e aprendizagem ótimos;

9. Prevalece a atividade do córtex pré-frontal.

NO TEMPO "OFF":

1. O processamento mental é menos deliberado, mais automático;

2. A memória mais usada é a implícita, que não requer participação consciente, utilizando estruturas não corticais;

3. Há pouco controle inibitório de distração;

4. As decisões são tomadas, em sua grande maioria, por impulso;

5. O esforço é não consciente, não deliberado;

6. As respostas são mais automáticas e inconscientes;

7. A criatividade fica favorecida nesses momentos;

8. A tomada de decisão é mais automática, sem muito raciocínio;

9. Prevalece a atividade reptiliana e límbica (é mais plausível que o sujeito tenha dó de si, que é uma reação límbica, e siga seus instintos, que é uma reação reptiliana).

A verdade é que nosso melhor desempenho acontece quando há um equilíbrio entre excitação e inibição do córtex, ou seja, quando há participação também do reptiliano, área ligada aos instintos, e do límbico, que é a área ligada às emoções. Não pense que ser muito racional é uma vantagem, que quando estamos com córtex pré-frontal extremamente ativo é que tomamos as melhores decisões.

Antônio Damásio e outros autores já demonstraram que decisões tomadas somente com o pré-frontal não são ótimas, porque levam muito tempo de consideração e ponderação e desconsideram a importância e a "inteligência" das emoções e dos instintos nessas ocasiões. Assim, talvez o melhor momento seja aquele em que temos todas as áreas ativas estejam em pé de igualdade, ou seja, quando todas "decidindo" juntas.

Existem duas grandes questões aqui. Uma delas é como usar esses fatos biológicos para vender de maneira mais eficaz. O que eu vendo no tempo "on" e no tempo "off" do meu cliente? A outra pergunta importante é: como uso o meu tempo "on" e "off" para melhorar minha eficácia no processo de prospecção e vendas?

Independentemente do bem de consumo, a prospecção deve acontecer sempre no momento "on". Você precisa da atenção de alguém que não o conhece e nem ao seu produto, ideia ou serviço, e deve recebê-lo no trabalho. Você vai precisar de um estado de vigília ótimo desse novo cliente, isto é, do processo mental consciente e também da capacidade de inibir distrações enquanto você pede um encontro pessoal e uma reunião. Por outro lado, uma venda para um cliente recorrente, que já o conhece e ao seu produto, pode e deve acontecer no tempo "off" para que haja a compra por impulso.

Compradores não são racionais e compram por impulso. Se isso não fosse verdade, não haveria estoques desnecessários, nem promoções de produtos excedentes. Às vezes, o comprador faz apostas e justifica-as como sendo intuição de mercado, sua experiência prevê um crescimento de demanda que não acontece. Os pequenos lojistas trabalham muito em cima da opinião e da sugestão do vendedor e com frequência têm que investir mais do que podem, têm que arriscar, e aí está uma oportunidade para vender no tempo "off" do comprador. Investidores também não são racionais. Existem muitos exemplos de grandes investidores que se deram mal por causa de intuição ou palpite mercadológicos. Eles erram e erram feio, às vezes. Você só não fica sabendo porque esses fracassos não são noticiados. Aposte também no tempo "off" dos investidores. Pode valer muito a pena.

MELHOR HORA PARA VENDER NO TEMPO "ON":

Leão – das 8h às 12h
Urso – das 10h às 16h
Lobo – das 17h às 22h

MELHOR HORA PARA VENDER NO TEMPO "OFF":

Leão – das 14h às 18h
Urso – das 17h às 20h
Lobo – das 8h às 12h

Dica: fique atento à especificidade da sua venda, do seu produto, serviço ou ideia para entender se deve vender no tempo "on" ou no "off" do seu cliente ou provável cliente. Às vezes, as duas estratégias podem ser usadas ao mesmo tempo.

CAPÍTULO 10

A MELHOR HORA PARA MANDAR UM E-MAIL

Antes de falarmos sobre os cronotipos, é importante destacar que a leitura exige atenção extra do cérebro. Portanto, é preciso, no mínimo, engajamento emocional para garantir não só a atenção, mas também a ação do cliente e a ativação da sua memória para registrar a lembrança do que foi lido. Esses três fatores estarão sempre sustentando minhas recomendações. Seu e-mail precisa despertar a atenção, estimular o engajamento emocional e ativar a memória. Portanto, recomendo pensar nas palavras, no que você vai dizer, e não simplesmente enviar uma informação.

Confúcio dizia que "uma imagem vale mais que mil palavras", mas essa máxima só serve para despertar a atenção e não para provocar engajamento emocional. Imagens têm o poder de evocar sentimentos de curto prazo, enquanto um bom texto emotivo pode mudar a mente das pessoas para sempre. As imagens emotivas podem suscitar sentimentos fortes que não mudam muito a longo prazo. A exposição a fotos de alto impacto provoca, sim, emoções momentâneas, mas não alteram opiniões e comportamentos. O texto cumpre melhor esse papel e com maior eficácia e eficiência. Textos com muitos adjetivos são ainda mais ideais porque ativam o cérebro como um todo em suas várias áreas, facilitando o engajamento emocional, provocando sentidos imaginação.

Hoje, os e-mails são usados para todo tipo de mensagens. As pessoas examinam compulsivamente as suas caixas de entrada, em parte, porque não sabem se a próxima mensagem será sobre lazer, trabalho ou algo irrelevante que pode ser deixado para mais tarde. Toda essa incerteza provoca estragos no nosso acelerado sistema de categorização perceptiva, causa estresse e leva à sobrecarga de demanda. Todo e-mail exige uma atitude. "Respondo a ele?", "Agora ou mais tarde?", "Quão importante é isso?", "Quais serão as consequências sociais, econômicas ou profissionais se eu não responder, ou se não responder agora?". Com a grande quantidade de informações a serem lidas e de e-mails recebidos, a leitura rápida, eficiente e com grande capacidade de compreensão e retenção de ideias é uma necessidade. Você provavelmente nunca parou para pensar em como seu cliente ou *prospect* lê. É uma atividade corriqueira, no entanto, o ato de ler é mais complexo do que imaginamos. Muitos processos se juntam para ajudar-nos a entender o que lemos, desde a entrada sensorial visual até a retenção das informações, passando pelo engajamento e chegando à memória de longo prazo.

Eu apostaria que poucas vezes somos atingidos por uma mensagem que desperte a atenção, provoque o engajamento emocional e ative a memória na medida certa e ao mesmo tempo. Há um motivo simples e biológico para isso: o e-mail não foi enviado no momento correto, de níveis altos de atenção, engajamento e memória, que variam de acordo cronotipo do indivíduo.

ATENÇÃO

Concentração é a capacidade de ignorar estímulos externos por um tempo, e, durante o trabalho, não são poucos: telefone tocando, pessoas falando, mensagens de e-mails chegando, recados em cima da mesa, lembretes anotados em notas adesivas e colados no computador e mais uma infinidade de outros provocadores. Também são inúmeros os estímulos internos: divagações (o ato de sonhar acordado) e pensamentos a respeito de um futuro breve (o que fazer no final do dia, o que comer no almoço, como será a reunião da tarde, como atingir sua meta diária). São tantas as distrações diariamente, que fica quase impossível manter a concentração.

Assim, para que o seu cliente compreenda exatamente o que você quer transmitir é necessário que ele esteja focado e concentrado na leitura do e-mail que você enviou. Se não houver foco e concentração, o cliente não vai agir nem se lembrar da sua mensagem. A quantidade de informação que compete por sua atenção, foco e concentração do seu cliente é enorme.

Quando perdemos o foco, acabamos perdendo a concentração. Concentração é a habilidade de manter foco total em uma tarefa por um período. Perder o foco é natural e, muitas vezes, desejável, faz parte de um sistema evolutivo para nos manter seguros e acontece quando seu cérebro está percebendo algo que pode precisar da sua atenção, uma possível situação perigosa ou recompensadora.

Uma vez que sua concentração foi perdida, pode levar de cinco a 25 minutos para o indivíduo retornar à tarefa original. De qualquer forma, há custos inegáveis envolvidos quando acontecem interrupções. E, então, entra o ciclo ultradiano para nos mostrar como ser mais eficaz, com ciclos mais produtivos de concentração de máximo três horas e 20 minutos de descanso.

Você já pensou em como o cérebro do seu comprador escolhe no que se concentrar? Ele está sempre ligado e recebendo informações, o que significa que constantemente tem que escolher no que prestar atenção e o que filtrar. Os neurocientistas chamam essa escolha de "atenção seletiva", que se manifesta de duas formas diferentes:

Top-Down (ou foco voluntário) é o foco de cima para baixo, orientado para objetivos. É responsável por pensar macro e usa suas experiências passadas para descobrir as coisas. Mais comum quando você está estudando para um exame ou tentando resolver um problema difícil.

Bottom-Up (ou foco impulsionado pelo estímulo) acontece quando um pensamento se aproxima de você ou de algo ao seu redor, chama a sua atenção, como uma notificação do WhatsApp, por exemplo, um toque do seu telefone, uma mensagem no seu computador. Você não pode deixar de prestar atenção ao que está acontecendo.

Não podemos controlar o tipo de foco que nosso cérebro está usando. Apesar da nossa vontade de permanecer no modo *Top-Down*, o foco *Bottom-Up* é capaz de substituir os filtros do nosso cérebro. Culpe a evolução, que introduziu na nossa vida e no nosso comportamento a resposta de luta ou fuga; ruídos altos e movimentos bruscos estão associados ao perigo. E, na opinião da sua mente primordial e primitiva, o perigo tem prioridade sobre o e-mail importante que seu cliente está lendo.

A força de vontade e o foco são recursos finitos, o que significa que é preciso estar carregado de energia para mantê-los. E a quantidade de energia ao longo do dia varia de acordo com cada cronotipo. Tentar identificar o que é importante e o que é irrelevante é exaustivo para o cérebro. Embora acreditemos piamente nisso, é uma ilusão acharmos que somos multitarefas e podemos fazer várias atividades cognitivas ao mesmo tempo. A neurociência vem mostrando que quando as pessoas pensam que são multitarefas, elas estão simplesmente mudando de uma tarefa para outra muito rapidamente em vez de as estar executando ao mesmo tempo. E existe um custo cognitivo nesse processo. A verdade é que ficamos passando freneticamente de uma tarefa para outra, ignorando todas as outras.

O perfil multitarefa nos torna comprovadamente menos eficientes, pois mexe com a química orgânica aumentando a produção do hormônio do estresse, o cortisol, bem como a adrenalina, hormônio ligado ao comportamento de luta ou fuga, o que pode estimular exageradamente o cérebro e causar neblina mental ou pensamento bagunçado. Esse perfil também cria um vício em dopamina, porque o indivíduo entra em um *looping* de *feedback,* recompensando o cérebro justamente por perder foco e ficar constantemente buscando estimulação externa. Coisas novas, por exemplo, e a curiosidade por essas novidades estimulam a produção da dopamina, que, por sua vez, gera prazer.

Para piorar, o córtex pré-frontal também é atraído pela novidade, o que significa que sua atenção pode ser facilmente sequestrada por algo novo. A ironia aqui é que a própria região do cérebro em que precisamos confiar para permanecer na tarefa está suscetível à distração. Nós atendemos uma ligação, procuramos algo na internet, verificamos o e-mail, enviamos uma mensagem, e cada uma dessas coisas provoca os centros de busca de recompensa e de busca de novidades do cérebro, causando uma explosão de opioides endógenos. Por isso parece tão bom, tão gostoso fazer muitas coisas ao mesmo tempo. Acabamos priorizando esse prazer em detrimento da nossa permanência na tarefa.

Há ainda os custos metabólicos. A ação do cérebro de deslocar a atenção de uma atividade para outra faz com que o córtex pré-frontal e o estriado queimem a glicose oxigenada, o mesmo combustível que eles precisam para se manter na primeira tarefa. Essa queima acontece tão rapidamente que o cérebro se sente esgotado e até desorientado depois de um curto período de tempo. Sem nutrientes no cérebro, nosso desempenho cognitivo e físico acaba prejudicado. Além disso, a troca constante de tarefas leva à ansiedade, que, por sua vez, aumenta os níveis do hormônio do estresse no cérebro, podendo gerar um comportamento agressivo e impulsivo. Por outro lado, a manutenção da tarefa é controlada pelo cingulado anterior e pelo estriado, quando entramos no modo executivo central. Permanecer nesse estado demanda menos energia que o estado multitarefa e, de fato, reduz a necessidade de glicose no cérebro.

O perfil multitarefa exige mais tomada de decisões. "Eu respondo a esta mensagem de texto ou ignoro isso?", "Como respondo a isso?", "Como arquivo este e-mail?", "Continuo o que estou fazendo agora ou faço uma pausa?". Tomar decisões também é um processo difícil e demanda recursos neurais. E pequenas decisões parecem absorver tanta energia quanto as grandes. Uma das primeiras coisas que perdemos é o controle de impulsos, o que diminui nosso discernimento diante daquilo sobre o que precisamos decidir. Depois de tomar muitas decisões insignificantes, podemos acabar tomando uma decisão verdadeiramente ruim sobre algo importante.

Como alguém se sente ao receber trinta e-mails na primeira hora da manhã? Se for um **Leão**, tudo bem, ele tem química orgânica e disposição para atender essa demanda. Se for um **Urso**, ele estará ainda no torpor inicial pós-sono. Já se for um **Lobo**, esqueça; ele não estará pré-disposto a lidar com toda essa quantidade de informação e poderá sofrer um aumento significativo nos seus níveis de estresse.

Para os nossos antepassados, estresse era encontrar um animal selvagem, um predador, com fome na selva. Hoje, no entanto, assume uma forma muito mais simples, ainda que igualmente poderosa: o estresse contemporâneo é provocado pelo medo de perder alguma informação relevante. A sobrecarga de e-mails está diretamente relacionada ao estresse, indicando que os compradores, assim como qualquer trabalhador, estão mais propensos a aumentar o estresse durante as atividades de coleta de informações. A resposta ao estresse cria alterações fisiológicas através da frequência cardíaca, pressão arterial e níveis de cortisol, o tal "hormônio do estresse". Quando a resposta ao estresse é ativada, as partes do cérebro que respondem ao medo de ansiedade tendem a assumir o controle, enfraquecendo nossa capacidade de fazer escolhas racionais e argumentar logicamente.

A curva normal de metabolismo do cortisol no ritmo diurno tem níveis mais altos no início da manhã, seguido do declínio gradual contínuo à tarde e atingindo níveis mais baixos no final do dia. Entretanto, observa-se que compradores apresentaram aumento da pressão arterial e frequência cardíaca enquanto estão lidando com e-mails, liberando níveis constantes de cortisol no corpo, revelando os níveis de estresse desses profissionais.

COMPREENSÃO

Ler as palavras não é suficiente, nós também precisamos entender e organizá-las. Quer dizer, não é uma operação única e nem simples. O cérebro, na verdade, está fazendo duas coisas ao mesmo tempo. A decodificação de palavras e a compreensão de linguagem ocorrem em estágios temporais que se sobrepõem durante a leitura.

Várias regiões cerebrais estão envolvidas no processo da leitura e da compreensão do texto. Entre elas estão: o lobo temporal, responsável pela consciência fonológica e pela decodificação e discriminação dos sons; a Área de Broca no lobo frontal, que rege a produção de fala e a compreensão de linguagem; e o giro angular e supramarginal, que ligam diferentes partes do cérebro para que letras possam ser unidas para formar palavras. Além disso, existem outras vias importantes de matéria branca envolvidas na leitura. A matéria branca — assim chamada por causa da cor branca da mielina, a substância gordurosa que isola as fibras — é uma coleção de fibras nervosas cerebrais que ajudam o cérebro a aprender e a funcionar com maior rapidez e precisão.

Durante o ato da leitura, o cérebro pode ser comparado ao esforço colaborativo em tempo real de uma orquestra sinfônica, com várias partes trabalhando juntas, como naipes de instrumentos, para maximizar nossa capacidade de decodificar o texto escrito à nossa frente. Fato é que essa integração de áreas demanda alto gasto de energia. Se seu e-mail não for curioso e interessante, não será compreendido e passará batido.

Leões começam o dia cedo, antes que todo mundo esteja acordado, ele já está em atividade plena. Seu nível de cortisol aumenta e a melatonina começa a diminuir em torno das três e meia da madrugada. Normalmente, não precisam de despertador, porque estão alerta bem antes do horário social e de trabalho. Assim, concentração, foco e capacidade de compreensão, que dependem dos níveis de atenção e de energia orgânica, vão estar no melhor ponto logo no começo da manhã e se sustentarão até o final desse período, pois a serotonina, hormônio da "felicidade e da calma", atingirá seu ponto máximo no meio da manhã. Mandar um e-mail cedinho tem um benefício extra: os compradores **Leões** não têm, geralmente, perfil multitarefa porque nada está acontecendo ao redor, só eles estão acordados. Então, mandar e-mail para os **Leões**, logo cedo, é sempre uma boa ideia.

Ursos são naturalmente compatíveis com os horários de trabalho ou comerciais, portanto, o seu pico de energia alta vai acontecer entre dez horas e meio-dia, tempo em que atingiram sua capacidade total de ação, atenção, foco e compreensão. O ápice cognitivo dos **Ursos** acontece do meio para o final da manhã, horário ótimo para que vejam seu e-mail de vendas. Se você quiser fazer uma prospecção de um comprador que não o conhece, esse também é um excelente horário, porque o cérebro desse comprador está pronto para aprender algo novo.

Já os **Lobos** são diferentes. Como precisam adaptar seus horários naturais para caber no horário comercial, pode ser que o seu esforço tenha que ser maior. Talvez você precise trabalhar um pouco fora do seu horário, a não ser que seja um **Lobo** também. Mas essa mudança vale a pena se quiser vender com maior eficácia. Você pode pensar sobre e escrever o e-mail no seu melhor horário e deixá-lo pronto para ser enviado mais tarde. Na prospecção de novos clientes, o melhor período para este cronotipo é das seis da tarde até a meia-noite. Às nove horas, então, o cérebro de um novo cliente **Lobo** está tinindo, pronto para receber as novas informações e as vantagens que sua oferta oferece. Nesse intervalo, o **Lobo** está no seu melhor humor, a mente está a mil e com muita energia.

A MELHOR HORA PARA MANDAR E-MAIL:

> **Extremo Leão** – a partir das 5h
> **Leão** – das 7h às 8h
> **Urso** – das 10h às 12h
> **Lobo** – das 18h às 0h
> **Extremo Lobo** – das 23h à 1h

Dica: altos níveis de energia no cérebro favorecem o córtex pré-frontal e o raciocínio lógico. Já os baixos níveis de energia favorecem o reptiliano e o límbico. Atenção, foco e compreensão são ações que dependem do pré-frontal.

CAPÍTULO
11

A MELHOR HORA PARA A *COLD CALLING*

Cold calling é uma expressão em inglês que quer dizer "ligação fria". É o ato de entrar em contato com um comprador pela primeira vez, sem nunca ter falado com a pessoa antes. É uma das ações mais difíceis em vendas, no meu ponto de vista. Você, vendedor, que está prospectando, nem imagina o que o outro está pensando, porque nunca teve contato com seu interlocutor e não sabe como construir uma boa abordagem. Não sabe se o sujeito vai direto ao ponto, se é impaciente, ou se o indivíduo gosta de bater papo. Se tem hábitos arraigados ou se está aberto a inovações. Enfim, *cold calling* não é fácil nem confortável para nenhum vendedor, mesmo os mais atrevidos e mais expansivos.

A questão aqui é o que fazer quando você precisa entrar em contato. A primeira dica é visitar o perfil do seu cliente em potencial nas redes sociais e verificar o horário médio das postagens e o horário em que há mais delas. Os horários em que há mais postagens no perfil correspondem aos momentos em que o comprador está mais apto a receber novidades, quando está em plena atividade cognitiva e tem iniciativa para escrever, postar e curtir. Nos momentos de pico energético baixo, o comprador até verifica o *feed* de notícias, mas de maneira passiva, reflexiva, reativa, e não de modo proativo. Você também pode acionar a sua rede de vendedores amigos e conhecidos para se informar sobre os melhores horários para aquele comprador.

Observe que não estou aqui tratando do *horário burocrático* (em que momento o comprador faz o quê), aquele estabelecido pela empresa ou pelos líderes e chefes para que cada ação seja realizada. Você já entendeu que erramos muito em acertar nosso dia com os níveis de energia. Na verdade, fazemos praticamente tudo errado e o seu futuro comprador também, simplesmente porque não tem conhecimento do ciclo circadiano. Cada um tem o seu cronotipo e cada ação deve ser feita em horários mais propícios a cada tipo. Caso contrário, o indivíduo estará desperdiçando esforço.

Verificação de estoque, por exemplo, é um problema analítico e deve ser realizado no melhor momento energético do indivíduo. Pessoas resolvem problemas analíticos em seus períodos ideais quando estão bem acordados e também alertas. Uma reunião de novas ideias, por outro lado, exige mais criatividade do que capacidade analítica e, portanto, devem ser feitas nos horários de energia baixa dos participantes, porque os cérebros vão divagar mais e encontrar soluções criativas para os problemas da empresa. Por isso, devemos contratar pessoas de acordo com seus cronotipos e não só com suas capacidades de trabalho, pois o horário biológico tem que bater com o horário de trabalho do indivíduo.

Então, a *cold calling* deve ser feita no melhor horário biológico e não necessariamente no horário burocrático. A venda presencial depende do horário burocrático; a ligação fria, assim como um e-mail, não. Ligação fria e e-mail dependem mais da predisposição do comprador de ouvir ou ler o que você escreveu, de saber sobre novidades. Dependem do momento em que o cérebro do comprador está mais propenso a conhecer algo novo — um lançamento, um novo *software*, um aplicativo, um novo bem físico ou serviço — e aprender sobre essa novidade com alguém que ele não conhece.

O processo de aprendizagem tem seu tempo, ou melhor, seu ritmo circadiano, e um processo eficiente acontece em uma curva em "U", com períodos de aquisição de conhecimento, outros de repouso e, mais uma vez, de aquisição. Nós, humanos, aprendemos com uma facilidade incrível, mas é preciso que você, como vendedor, saiba que existe um limite de absorção de informação até o cérebro cansar e a atividade cognitiva decair. Todo processo físico-químico tem limites e picos de energia alta e baixa. Dependendo do cronotipo, do momento e também da complexidade da sua venda, diferentes regiões do cérebro do comprador vão se ativar para absorver novas informações. E novas informações demandam atenção extrema e alto consumo de energia. Assim, entender o pico de energia alta e aprendizado do comprador é fundamental para a *cold calling*.

Também é preciso provocar o cérebro do comprador para despertar nele a vontade de recebê-lo. Use adjetivos para promover sua visita como "uma grande oportunidade". O cérebro humano adora novidades e vive em busca delas. Cada vez que o cérebro detecta a possibilidade de algo novo, libera uma dosagem alta de dopamina na área tegmentar ventral, localizada no reptiliano, na sua base, que inundará áreas do sistema límbico e chegará ao córtex pré-frontal e frontal, desarmando a racionalidade e a estranheza de atender um desconhecido e nos incentivando a explorar esse estímulo em busca de uma recompensa. Como a novidade está diretamente ligada à aprendizagem, inovar na sua *cold calling* é tudo o que você necessita para vender bem.

Quando perceber que algo pode ser novo, que sua ligação pode lhe oferecer uma recompensa vantajosa, seu comprador o ouvirá e o receberá para uma reunião. Uma abordagem perde potencial quando apresenta um estímulo que é familiar ao comprador, sem ter recompensa associada. Por isso, você tem que ser muito criativo nessa chamada fria.

Os **Leões** têm *timings* de aprendizagem favoráveis à apresentação de um novo bem de consumo durante a manhã, das oito ao meio-dia. Nesse intervalo de tempo, compradores **Leões** tomarão mais decisões voltadas para receber um vendedor. Mas lembre-se de que *timing* ótimo do cronotipo não vai ajudá-lo se sua proposta for ruim, malfeita ou pouco criativa.

Os **Ursos** têm o primeiro pico de alta de aprendizado das dez da manhã às duas da tarde, período em que a capacidade intelectual está lá em cima. O seu segundo pico de alta acontece no intervalo das quatro da tarde às dez da noite. Fora desses dois períodos, seus possíveis clientes **Ursos** terão dificuldade em absorver novas informações. É provável também que sua memória não esteja lá grande coisa, o que significa que certamente esses clientes não reterão as informações passadas, os diferenciais do seu produto ou serviço.

Os **Lobos** devem ser abordados com uma *cold calling* no final da tarde, quando terão a região talâmica mais ativa que os outros tipos. Esta região cerebral está situada no mesoencéfalo e é a responsável pelo processamento de informações e também pelo grau de alerta do seu comprador.

A MELHOR HORA PARA UMA COLD CALLING:

Leão – das 8h às 12h
Urso – das 10h às 14h
Lobo – das 19h às 0h

Dica: acerte o horário de aprendizado, construa um discurso interessante e use adjetivos para ativar as várias áreas cerebrais. Fatos ativam apenas duas áreas — Wernick e Broca —, histórias adjetivadas ativam, no mínimo, sete áreas cerebrais.

CAPÍTULO
12

A MELHOR HORA PARA FAZER UMA REUNIÃO

Qual a melhor hora para convencer alguém? Para negociar, é preciso que as pessoas do outro lado da mesa estejam em seu momento "on", em um ritmo bom, agradável e receptivo, o que significa estar feliz, bem consigo mesmo. É fundamental sentir-se equilibrado, entusiasmado e também à vontade para desenvolver a propensão de ouvir com atenção um interlocutor. Para encontrar seu comprador nessas condições ideais de comportamento, lembre-se de que o humor das pessoas melhora com o passar das horas, mais ou menos no meio do seu ciclo de vigília. Pela manhã, há mais mau humor; à tarde, há mais alegria; e o auge de felicidade acontece no início da noite.

A regra geral é para todos os indivíduos, mas cada cronotipo tem um horário de pico de agradabilidade e receptividade, que se difere em horas um do outro, e não exatamente em períodos. A não ser nos casos do **extremo madrugador** e do **extremo noturno**, quando pode, sim, haver diferenças mais significativas.

PARA O COMPRADOR

Se o seu cliente ou *prospect* for Leão, o pico acontece às 14h;

Se o seu cliente ou *prospect* for um Urso, o pico acontece às 18h;

Se o seu cliente ou *prospect* for um Lobo, o pico acontece às 20h.

Em uma situação normal, esses são os horários em que você deve marcar uma reunião com seus clientes regulares e com os que estiver prospectando. Mas estamos falando de predisposição, portanto, de padrões e não de regras. Pode acontecer, por exemplo, de seu cliente ter passado por uma situação que o tenha deixado irritado, aumentando seus níveis de cortisol. Naquele dia, possivelmente esse cliente não estará receptivo às suas propostas. Então, o melhor momento para uma abordagem de vendas não depende só do ciclo circardiano nem só do cronotipo, mas de tudo o que cerca a vida do indivíduo. Tanto biologia, quanto química e física orgânica podem ser modificadas por algum fator externo.

Você precisa unir o pico de agradabilidade do comprador com o seu pedido para que a receptividade seja a melhor possível. Mas não é preciso acertar exatamente o horário, você pode atuar em torno daquele momento, meia hora antes até meia hora depois.

Tome cuidado também para identificar muito bem os tipos extremos, que apresentam diferenças nos padrões de horários. O **extremo Leão** terá seu pico entre uma e duas horas antes do **Leão**, ou seja, no final da manhã, entre às onze e uma da tarde. Já o **extremo Lobo** terá seu pico de agradabilidade ou felicidade entre às nove e às onze horas da noite.

Mas isso não basta se você também não estiver no seu pico de ativação, atento, inspirado e interessado. Você precisa coordenar com seus horários, o auge do pico de ativação e seu nível de confiança, que deve estar em 100%.

O padrão de ativação é diferente de agradabilidade. O primeiro significa estar confiante e o segundo, receptivo. A junção da predisposição do cliente com o seu auge de atividade seria perfeita, resultaria na reunião de vendas ideal.

PARA VOCÊ

Se você for Leão, seu pico de ativação acontece ao meio-dia;
Se for um Urso, seu pico de ativação acontece às 14h;
Se for um Lobo, seu pico de ativação acontece às 17h.

Veja que há uma diferença entre o horário do pico de agradabilidade do cliente e o horário do seu pico de ativação, mesmo que seus cronotipos sejam iguais. Esse fenômeno acontece porque estamos falando de processos mentais diferentes e de redes neurais e química orgânica diversas.

COMPRADOR X VENDEDOR			
Pico AG*/ Pico AT**	Vendedor Leão	Vendedor Urso	Vendedor Lobo
Comprador Leão	14h / 12h	14h / 14h	14h / 17h
Comprador Urso	18h / 12h	18h / 14h	18h /17h
Comprador Lobo	20h / 12h	20h / 14h	20h / 17h

* Pico de agradabilidade ** Pico de ativação

Com essa tabela, você pode perceber mais facilmente que, na maioria das vezes, os momentos "on" de agradabilidade do cliente não batem com os seus picos de ativação mental e corporal. A não ser no encontro de um comprador **Leão** com um vendedor **Urso**, quando ambos estarão em seus picos. As minhas recomendações para lidar melhor com esses cenários são:

1. Priorize sempre o *timing* do comprador, não o seu. Você tem consciência do processo, já entende as etapas e pode usar o seu córtex frontal para controlar suas emoções e seus sentimentos ativados pelo reptiliano e pelo sistema límbico. Seu autoconhecimento indica a você que áreas cerebrais e níveis químicos estão ativos no momento.

2. Diminua os níveis das suas ondas cerebrais. Faça exercícios de respiração e, se possível, sessões de *mindfullness* ou meditação. Quando você se acalma, seu cérebro deixa

de operar em ondas Beta 3 ou 2, que são mais aceleradas (aquelas que usa quando está cheio de trabalho e agitado), e passa a operar em ondas Beta 1, ou Alfa, tornando-o mais ciente dos seus medos e ansiedades.

3. Saia do seu ambiente de trabalho e procure espaços verdes ao ar livre. O contato com a natureza ajuda a diminuir o estresse.

Essas estratégias ajudarão você a controlar seu corpo e sua mente para dominar seu comportamento e usar sua energia da melhor maneira, sem desperdícios.

CAPÍTULO
13

A MELHOR HORA PARA UM ALMOÇO OU JANTAR DE NEGÓCIOS

Além de serem desconhecidos da maioria das pessoas, os cronotipos são deixados de lado com o estilo de vida atual, baseado em iluminação artificial, horários de trabalho irregulares e também padrões de alimentação erráticos. Esses fatores podem interferir ainda mais no ciclo natural do dia. Portanto, mesmo que você não tenha as variações do gene matutino do **Leão** ou noturno do **Lobo**, ainda é importante honrar seu ritmo circadiano por uma vida equilibrada e saudável. Os **Ursos** têm ciclos que devem ser respeitados, precisa de cuidados e atenção com o *timing* interno, mesmo que se encaixem exatamente no tempo social ou comercial.

Cada um desses cronotipos também tem seu tempo ideal de alimentação, e essa é a etapa mais importante para um organismo, quando há aquisição de energia para o corpo todo e, fundamentalmente, para ao cérebro. Estamos falando aqui de cronobiologia. Sem ou com pouca energia, nossos pensamentos ficam embaçados e nosso comportamento fica alterado. No caso da área de vendas, é preciso tomar muito cuidado não só com a alimentação do vendedor, como com a do cliente, justamente pela possibilidade de mudanças comportamentais. A fome deixa o indivíduo irritado. Carboidratos em excesso causam moleza e preguiça. Nós somos o que comemos.

Dentro do organismo de cada cronotipo há um reloginho da fome. Todos os órgãos do corpo têm um *timing* próprio e não sincronizado com o restante, sendo assim, cada órgão do corpo age de uma maneira. A ritmicidade caracteriza muitas funções do organismo humano, ligadas ao ciclo circadiano, dia e noite, mas com suas peculiaridades. O sistema gastrointestinal transforma o alimento na energia que vai sustentar o foco, a atenção, a motivação e até o humor.

Errar a hora de levar seu cliente para um almoço de negócios pode acabar com a sua venda. Não porque o bem de consumo é ruim, mas porque o comprador estava sem energia e sem paciência para ouvi-lo. E nem sempre essa insatisfação é aparente, pois, muitas vezes, nem o comprador sabe que está com os níveis de energias baixos demais para ativar seu cérebro em uma medida ótima.

Por outro lado, se levar seu cliente para uma reunião informal de vendas em um restaurante no horário correto combinado com o alimento certo, você vai proporcionar uma atividade cerebral ótima para a sua ação de vendas. Sua ação assertiva vai predispor o comprador a agir logo após o almoço porque seus níveis de energia estarão em um bom nível, mesmo depois do desgaste da passagem de uma parte da jornada diária.

Quando o sol nasce e passa a emanar luz, seu cérebro sabe que o dia começou, e o seu segundo cérebro, o entérico, recebe essa informação quando você coloca o primeiro alimento do dia na boca. Se, por um acaso, você precisar pular o café da manhã, não haverá a tão desejada sincronia entre os órgãos do corpo, o que pode alterar seu comportamento ao longo da sua jornada, por exemplo. Torça para que seu cliente esteja em dia com sua alimentação, porque isso vai ajudá-lo. A predisposição do cliente é vital para sua venda, afinal, é ele quem toma a decisão de compra. Esqueça a norma social ou a da empresa, siga a do seu comprador entendendo o tipo dele.

Veja como a alimentação tem papel decisivo no nosso processo de tomada de decisão. Um estudo publicado no periódico científico *Proceedings of the National Academy of Sciences* analisou 1.112 decisões de juízes que presidiam comissões para concessão de liberdade condicional e descobriu que a probabilidade de haver decisão favorável ao preso é maior para os casos apresentados logo no início do expediente, após o café da manhã, ou depois do almoço, do que nos casos apresentados antes do almoço e à tarde. Observe que o estudo não fala em horário específico, mas em refeições. Esse *timing* muda conforme o cronotipo, mas, de qualquer forma, um não fica muito distante do outro.

Cada cronotipo em seu horário e sua refeição predileta. Os **Leões** escolhem como refeição do dia o café da manhã.

Os **Ursos** escolhem o almoço e os **Lobos** sempre vão preferir o jantar. O café da manhã é a refeição preferida dos **Leões** porque, para eles, é importante que a primeira refeição do dia garanta um nível de energia satisfatório até a hora do almoço, considerando que esse cronotipo acorde muito cedo. Por isso, consumir uma pequena e poderosa refeição, de fácil digestão, deliciosa e rica em nutrientes vai te preparar para fazer escolhas saudáveis durante todo o dia.

Um café da manhã errado vai fazer você "beliscar" o dia todo e só comer alimentos que oferecem energia momentânea e favorecem o ganho de peso, como os carboidratos. Seu cérebro vai "gritar" pedindo açúcar ou gordura, ou mesmo os dois. Então, é recomendável incluir gorduras saudáveis, proteínas de alta qualidade, verduras frescas e frutas com baixo teor de açúcar na sua vitamina matinal para mantê-lo satisfeito até o almoço. Diferente dos sucos, a vitamina é uma bebida mais encorpada e que conta com três ingredientes fundamentais: um tipo de líquido, uma fruta e algum legume.

O almoço é importante para todos os cronotipos e é a refeição preferida dos **Ursos**. Um almoço rico em carboidratos geralmente leva a um pico imediato de energia alta, mas, por outro lado, conduz a uma queda de energia à tarde. Para manter a energia equilibrada durante todo o dia, consuma proteínas, gorduras saudáveis e vegetais coloridos na hora do almoço. Se você não tem tempo para fazer o seu próprio almoço, pelo menos tente evitar alimentos embalados e processados, que normalmente estão cheios de conservantes, aditivos químicos, açúcar e/ou carboidratos refinados, os "carboidratos vazios".

O *happy hour* indica o fim do expediente e é uma reunião em que prevalece o consumo de bebidas alcoólicas e petiscos. O álcool derruba todo o núcleo supraquiasmático, que controla e tenta sincronizar todos os reloginhos internos, e derruba o relógio mestre no cérebro. Portanto, pode desregular o funcionamento do fígado e do sistema digestivo, e também bagunçar o ciclo sono-vigília. O jantar é sempre muito importante por ser a última refeição do dia, a que vai sustentar o organismo até o dia seguinte. Um jantar de negócios com o cliente ou futuro cliente, em vez do *happy hour*, pode ser uma boa estratégia.

Jantares de negócios funcionam muito bem com **Lobos**, que preferem se alimentar à noite, e menos com os **Leões** que, a essa hora, já estão com seu corpo e cérebro voltados para a cama e não para a mesa. Tal como no almoço, pratos com proteína animal assada ou grelhada e gorduras saudáveis, como o azeite, e legumes variados podem ser boas opções. Esses alimentos consumidos à noite, antes de dormir, favorecem um sono de qualidade, o que vai resultar em limpeza do cérebro e fixação das boas lembranças. Com essa estratégia de alimentação, vai fazer com que seu cliente guarde na memória o encontro de vocês, sua conversa e sua apresentação. No dia seguinte, esse comprador vai se lembrar de você e do seu produto.

Quando a função digestiva não está em ótima forma, a cognitiva sofre. Não é a toa que chamamos o intestino de segundo cérebro ou cérebro entérico, pois o resultado de suas atividades tem influência direta sobre o nosso comportamento. Uma alimentação errada pode alterar seu humor e o do seu cliente, por exemplo, o que não é bom para uma relação comercial saudável.

Um almoço de negócios também requer cuidados especiais, pois, muitas vezes, você é convidado a voltar ao escritório do comprador, em vez de para o seu, abrindo uma oportunidade de terminar a venda. Para elevar o humor do seu cliente, prefira restaurantes que sirvam peixes de água fria como a sardinha, o atum e o salmão. Um restaurante japonês é a escolha perfeita. Peixes de água fria têm ômega-3. Os ácidos graxos essenciais e o ômega-3, em particular, são grupos muito mais benéficos para a saúde do cérebro, destacando-se aí os efeitos na melhora do humor e da memória. O ômega-3 também impacta o modo como nos sentimos, funciona como antidepressivo e têm efeitos sobre a mitocôndria, que é a fábrica de energia das células do corpo. O café após a refeição contribui para a liberação da dopamina e também auxilia na memória. Depois de uma refeição com ômega-3 e café, seu cliente estará mais disposto a atendê-lo em seguida ou logo depois do almoço e, o que é melhor, com disposição para ouvi-lo. O cliente não terá essa mesma disposição se consumir alimentos ricos em carboidrato doces, que oferecem um pico inicial de energia alta, mas dão sono e tiram a concentração com o passar das horas, dificultando sua venda.

Preste atenção na sua alimentação também, pois seu organismo funciona como o do seu cliente. Nesse caso, um chocolate pode acompanhar seu café. Os flavanóis — uma forma de flavonoides, substâncias que possuem efeitos anti-inflamatórios e antioxidantes —, encontrados em chocolates com alto teor de cacau podem beneficiar a função cerebral humana. Duas horas após consumir chocolate com alto teor de flavanol, a memória e o tempo de reação do indivíduo melhoram, por exemplo. Consumidores regulares de chocolate têm melhor desempenho em testes de memória, raciocínio e atenção — tudo de que você precisa no momento de uma venda.

O sono é regulado por uma substância no seu cérebro chamada de adenosina. Essa química, produzida pelos neurônios, se acumula durante o dia e esse acúmulo que a um ponto que sinaliza para o cérebro que é hora de parar. Para eliminar a adenosina acumulada, o cérebro envia sinais de cansaço e sono para o corpo. Então, a adenosina começa a diminuir, dando lugar à melatonina, o hormônio do sono. Caso os níveis de adenosina não caiam o suficiente para os níveis de melatonina aumentarem satisfatoriamente durante a noite, a sensação de cansaço vai continuar quando você acordar.

O sono pós-almoço acontece sob esse mesmo processo. A solução para isso é simples: tomar um café preto, um chocolate quente ou um chá. A cafeína encontrada nessas bebidas tem uma configuração molecular muito semelhante à da adenosina, que bloqueia seus efeitos se ligada aos seus receptores. Se temos menos adenosina acumulada no sistema cerebral, vamos sentir menos cansaço. Muitas vezes, porém, a cafeína não é suficiente para eliminar ou bloquear toda a adenosina acumulada e a pressão homeostática para o sono permanece, e diminui apenas momentaneamente. Ainda assim, essas bebidas são ferramentas que vão ajudá-lo a continuar o papo depois do almoço e vão contribuir para que o comprador se lembre de você, considerando que a cafeína também estimula a produção de dopamina, a promotora da memória. Para lojistas vale o mesmo. Então, um café oferecido na loja, tanto para o consumidor como para o vendedor, pode ajudar e muito a modulação da atenção e da memória, bloqueando a adenosina e promovendo a dopamina.

Os fermentados são alimentos obtidos a partir da ação de bactérias ou fungos no alimento original e já compõem a nossa alimentação há milhares e milhares de anos. Ajudam o intestino a produzir GABA (ácido gama-aminobutírico), um mensageiro químico. O funcionamento do GABA é muito semelhante a antidepressivos e drogas que tratam ansiedade, estresse, insônia e hipertensão. Os alimentos fermentados estão cheios de probióticos, e o equilíbrio ideal de bactérias boas no intestino é a base para o bem-estar físico, mental e também emocional de um indivíduo. Dessa forma, uma salada com picles e temperada com kefir ou iogurte pode ajudar a acalmar o cliente e a efetivar sua venda.

Massas, *junk food* e *fast-food* estão proibidos. Lembre-se de que comidas saudáveis geram vendas saudáveis. Atenção ao consumo de álcool no *happy hour* ou no jantar de negócios. Socialmente, as leves alterações causadas no cérebro não são significativas, mas, no trabalho, essas alterações prejudicam seu discernimento no momento em que você deveria estar mais atento, focado e ligado em compreender seu comprador e suas entrelinhas. O álcool atua diretamente no seu cérebro, interagindo com seus neurônios e neurotransmissores. Os dois tipos importantes de neurotransmissores nesse caso são o glutamato e o GABA. Os neurônios excitatórios usam o glutamato, enquanto neurônios inibitórios usam GABA. O glutamato inicia uma onda de excitação, enquanto o GABA não apenas inibe esse fluxo, mas ajuda a organizar e diferenciar os resultados em seu cérebro. O álcool inibe a transmissão de glutamato e aumenta a transmissão de GABA, então, você tem menos excitação e mais inibição. Como os receptores de glutamato se tornam menos efetivos, o fluxo de informações fica mais lento, e apenas os sinais mais fortes conseguem passar. Isso significa que você sente menos, compreende menos, percebe menos e lembra menos. O que não é bom para um *happy hour*, um jantar e muito menos para um almoço de negócios.

Atenção também à quantidade de comida e de açúcar. Sobremesa é ótimo, mas vai deixar o comprador mais lento, seja lá de que cronotipo ele for. Você já sentiu seu cérebro lento um pouco depois de comer açúcar ou uma refeição enorme? Esse é o efeito do açúcar no seu organismo, o que realmente diminuiu sua função cognitiva. Pessoas demonstraram mais atraso na conclusão de tarefas cognitivas após o consumo de glicose ou açúcar de mesa em comparação com outras que consumiram frutose (açúcar da fruta) ou edulcorante artificial sacarose (adoçante). Esses tipos de açúcares são metabolizados de forma diferente. A frutose não atravessa a barreira hematoencefálica, como a glicose faz, e é metabolizada no fígado. A glicose vai direto para o cérebro, prejudicando a função executiva e atenção seletiva. Indivíduos que consumem glicose e sacarose são, em média, 0,2 segundos mais lentos ao responder perguntas.

Períodos de jejum potencializam os efeitos do consumo de açúcares. Se o seu comprador ou investidor for um **Leão**, por exemplo, e estiver sem comer há muitas horas, vai sofrer com lentidão cognitiva para entender sua proposta será enorme. Fique atento ao fato de que seu comprador está com nível de energia em seu mínimo antes da refeição e, portanto, nesse momento, ele vai reagir de maneira impulsiva. Depois da refeição, seu cliente reagirá de outra maneira. Você precisa saber o que quer: atenção, foco ou impulsividade. E essa resposta vai depender do que você estiver vendendo.

A MELHOR HORA PARA UM CAFÉ DE NEGÓCIOS:

Leão – das 6h às 7h
Urso – das 7h30 às 8h
Lobo – das 9h às 10h

A MELHOR HORA PARA UM ALMOÇO DE NEGÓCIOS:

Leão – ao meio-dia
Urso – às 12h30
Lobo – às 13h

A MELHOR HORA PARA UM HAPPY HOUR OU JANTAR DE NEGÓCIOS:

Leão – às 18h
Urso – às 19h30
Lobo – às 20h

Dica: cuidado com carboidratos pela manhã e no almoço. Esses alimentos podem fazer com que o comprador fique mais "mole" e mais desatento. No *happy hour*, no entanto, pode ser usado. O carboidrato ajuda a dar um pico momentâneo de energia alta de que você precisa para impulsionar sua venda quando, pelo avanço da hora, não é muito provável que a reunião continue após a refeição.

CAPÍTULO 14

A MELHOR HORA PARA FECHAR NEGÓCIO

A tomada de decisão é afetada por fatores psicológicos como o estado emocional e até mesmo controle cognitivo, inclusive ritmo circadiano. Estudos como *Molecular insights into chronotype and time-of-day effects on decision-making* têm testado a influência do cronotipo e da hora do dia na tomada de decisões. Um desses estudos usou o jogo do ultimato e os participantes tiveram que aceitar ou rejeitar várias ofertas econômicas propostas por outro participante virtual. Para quem não conhece, no jogo do ultimato, você dá o dinheiro para uma pessoa e pede que ela divida como quiser com a outra pessoa. Se a segunda pessoa não concordar com a divisão, todos perdem. Se ela concordar, fica tudo certo e cada um leva sua parte. A rejeição resulta em ganho zero para ambos.

Nesse tipo de jogo, os participantes, em sua maioria, rejeitam as ofertas injustas. Esse comportamento foi semelhante em todos os grupos de cronotipo, e tanto pela manhã como à tarde. A diferença apareceu quando se percebeu que os tipos matutinos, os **Leões**, investiram mais tempo do que tipos da noite, os **Lobos**, para responder a ofertas de alta incerteza. Isto é, foram mais cautelosos. Os resultados sugerem que os tipos matutinos se comportam com mais consciência e menos risco do que os indivíduos do tipo noturno.

Esse experimento quis medir o impacto subjetivo e as habilidades de controle executivo, como proatividade e reação, e percebeu que os **Leões**, independentemente do horário, são mais cautelosos, pois têm um processamento cerebral mais pré-frontal, mais executivo, mais racional. E os tipos noturnos como os **Lobos** são mais impulsivos. Os **Ursos** vão agir de forma mais parecida com os **Leões** do que com os **Lobos**.

A pesquisa *Time to decide: Diurnal variations on the speed and quality of human decisions,* que também comprova esse fato, usou o jogo de xadrez on-line, em que cada jogador tinha que tomar cerca de 40 decisões sem limite de tempo para cada uma. Os resultados apontaram ritmos diurnos confiáveis em atividade e política de tomada de decisão. Durante a manhã, os jogadores adotam uma política de enfoque de prevenção (decisões mais lentas e mais precisas) que, posteriormente, são modificadas para um foco de promoção (decisões mais rápidas, porém menos precisas). Assim, as análises do jogo de xadrez permitiram determinar flutuações diurnas não só na atividade, mas também na velocidade e na precisão do processo de tomada de decisão, e como essas flutuações aconteciam nos cronotipos. A hipótese de que indivíduos são mais ativos e eficazes em seu tempo ótimo, quando a hora do dia está em sincronia com o tempo preferido pelo indivíduo, se confirmou mais uma vez.

Os ritmos circadianos regulam a concentração de vários hormônios, incluindo esteroides e outras moléculas, que, por sua vez, controlam os níveis basais da atividade neural. O limite de decisão, especificamente, é configurado por um circuito nos gânglios basais, região do cérebro cuja atividade é modulada por ritmos circadianos. Os gânglios basais definem que ação deve acontecer e em que momento. Estão envolvidos principalmente no processamento de dados relacionados ao movimento, às informações, às emoções, às motivações e às funções cognitivas. Recebem sinais de uma variedade de regiões cerebrais córtex pré-frontal, área segmental ventral, entre outras, e têm a função controlar o planejamento motor, o processamento de valor e a tomada de decisões. O *corpus stratium* é o maior grupo de núcleos de gânglios basais. Consiste no núcleo caudado, no *putamen*, no núcleo *accumbens* e no *globus pallidus*. O núcleo caudado, o *putamen* e o núcleo *accumbens* são núcleos de entrada, enquanto o *globus pallidus* é considerado núcleo de saída. O *corpus stratium* usa e armazena o neurotransmissor dopamina e está envolvido no circuito de recompensas do cérebro.

Essa área, portanto, é muito importante, para a tomada de decisão e a sua relação com o ciclo circadiano, pois é também sua função manter a vigília e suprimir o sono para cumprir todas essas funções fundamentais.

No caso dos juízes condescendentes após as refeições, a tomada de decisão se modificou conforme o horário da refeição do magistrado. Segundo a interpretação dos pesquisadores, há hipóteses para esse aumento de mau humor relacionadas à quantidade de tempo passado sem comer. Uma delas é que o nível de açúcar no sangue é a variável crucial, considerando que o cronotipo pode desempenhar um papel importante no metabolismo da glicose. Essa hipótese está ligada ao tempo ou ao número de horas que o juiz permaneceu sentado ouvindo e tomando decisões.

Mas outra hipótese trata do número de casos que ele ouviu e não do número de horas que ele esteve sentado. Nessa segunda visão, a tomada de decisões é contabilidade mental em que, quanto mais decisões tomar usando seu córtex, sua razão, mais o juiz ficará cansado e começará a procurar respostas fáceis. Nesse caso, a resposta mais fácil é manter o *status quo*, negando o pedido do prisioneiro.

Esse comportamento também se repete no caso de compradores e de consumidores. Antes de sua posição no jogo de vendas, compradores e consumidores são humanos e vão agir pela influência ambiental, hora do dia, influência interna do cronotipo e necessidades orgânicas. Assim, ambos vão procurar comprar marcas mais conhecidas e também fazer negócios com pessoas conhecidas. Além disso, vão procurar empresas de renome ou com que tenham afinidade, que lhes trarão as respostas fáceis que não exigem contabilidade mental complicada nem tanta energia.

Esse estudo envolve o horário e a alimentação do juiz, que deveria sempre tomar decisões racionais, o que é impossível, pois não existe esse modelo humano de racionalidade pura. As emoções nos ajudam a tomar decisões o tempo todo. Não existe esse *Homo Racionalis*, como pregavam o Direito e a Economia antes de começarem a reconhecer a falha desse pressuposto via Neurociência aplicada em ambas as Ciências Sociais.

Estamos falando de seres humanos, portanto, de seres movidos por hormônios e neurotransmissores que fazem o cérebro, órgão gerador de comportamento, funcionar. A raiz da palavra hormônio, *hormo*, significa "pôr em marcha, fazer agir". Essas químicas são regidas pelos ciclos circadianos, tendo picos durante o dia e a noite, e influenciam nossas decisões em todos os sentidos. Então, é fundamental conhecer o cronotipo do seu comprador ou do seu cliente ou, ainda, do seu consumidor, se você trabalhar com varejo. É através do cronotipo que você saberá qual a melhor hora para qualquer atividade de vendas, seja para fechar ou para persuadir seu cliente a recebê-lo. Tudo está ligado a uma decisão, e receber o "sim" ou o "não" leva seu tempo, que é o cronotipo do comprador ou do consumidor.

As pessoas da manhã, como **Leões** e **Ursos**, tendem a ser éticas pela manhã, enquanto as pessoas da noite, os **Lobos**, tendem a se comportar de forma mais ética à noite. Isso significa que o comprador **Lobo** pode mentir mais pela manhã, dizendo, por exemplo, que não está em casa; que ele compraria seu produto, mas que o chefe não aprovaria a compra (a tendência de colocar a culpa em uma terceira pessoa quando estamos mentindo); que já comprou de outro fornecedor e que, se tivesse chegado um pouco antes, ele teria comprado de você. Existe uma quantidade de desculpas já prontas, formuladas para serem usadas em um momento de energia baixa. O cérebro já está cansado e a depleção toma conta do indivíduo. Já os **Leões** vão mentir ou ser antiéticos no final do dia, assim como os **Ursos**, mudando um pouco o horário, mas não o período. O **Leão** começaria a ficar antiético antes do **Urso**.

Em se tratando de mentiras, você, vendedor, deve ficar atento ao cenário. A mentira é cortical, ou seja, é pensada e planejada. Já a verdade está ligada à memória, portanto não é planejada. Quando você está dizendo uma verdade, esta envolve simplesmente recordação de uma memória do passado. No entanto, quando mente, você tem que pensar no que está tentando esconder e, em seguida, criar uma falsa versão que seja crível o suficiente.

Portanto, há uma anatomia e uma fisiologia da mentira que podem ser identificadas. O levantar de sobrancelhas é sinal corporal de quem mente. A maior parte dos humanos consegue controlar os músculos faciais inferiores, mas os superiores são difíceis, pois estão ligados aos comportamentos involuntários. Se o comprador ou o consumidor levantar suas sobrancelhas, possivelmente é um sinal de mentira. Outra indicação é quem está mentindo, normalmente, usa pouco a si mesmo como referência e recorre à imagem de uma terceira pessoa em seu discurso, distanciando a mentira si. A criação de uma falsa história dá trabalho e resulta desse padrão diferente de linguagem. O mentiroso não usa "eu", mas "nós", "eles", "A diretoria não aprovaria", "Preciso consultar minha esposa". Fique atento aos sinais de **Leões** e **Ursos** no final do dia, e de **Lobos**, no começo do dia.

As pesquisas e as análises não foram feitas somente em relação à **ética**, mas também em função da tomada de riscos. Logo no início do livro, mostrei que há uma pressão circadiana para sincronização, como há uma pressão homeostática para o sono, que interferem na tomada de decisão quanto a assumir riscos. Prova disso é que a pesquisa *Test-Retest Characteristics of the Balloon Analogue Risk Task (BART)*, uma das que falam sobre o assunto mediu tal comportamento usando o *BART (Balloon Analogue Risk Task)*, teste em que a pessoa vai enchendo virtualmente um balão e acumulando ganhos até antes de o balão estourar, situação em que perde tudo. Descobriu-se que os **Leões** e os **extremos Leões** assumem mais riscos do que os **Lobos** e os **extremos Lobos**, e assumem riscos crescentes no final do dia. Isso sugere que a condução homeostática pode ter uma forte influência sobre as medidas de risco, fazendo com que os tipos da manhã sejam mais propensos ao risco do que o esperado. As descobertas dão mais apoio aos custos energéticos aditivos de movimentos homeostáticos e circadianos em **Leões**. Com recursos energéticos empobrecidos e baixa circulação circadiana durante a noite, a capacidade das pessoas desse cronotipo para se autorregular é diminuída, deixando-as mais propensas a cometer erros e a assumir mais riscos. Já os tipos noturnos podem apresentar menos comportamentos de busca de risco, mediados pelos níveis mais altos de ansiedade.

Quando eu digo tomar decisão, quero dizer "bater o martelo", realmente fechar o negócio que você está propondo a um comprador. Trato aqui não só do comprador *business to business*, mas também de investidores. Por mais que se mostrem assertivos e que só tomem decisões baseados fatos, investidores são, antes de tudo, seres humanos e seus organismos também estão sob o manto do ciclo circadiano e do seu cronotipo. A única diferença que poderíamos destacar dos investidores para os compradores é em relação ao comportamento do consumidor, pois as decisões dos investidores envolvem mais riscos financeiros de terceiros e mais pessoas. São decisões de negócios e não exatamente pessoais.

Não quero dizer que investidores são mais racionais porque não acredito nisso. Compradores e investidores têm cérebros humanos, com a mesma química e fisiologia. A emoção está sempre envolvida na tomada de decisão, que é, ao mesmo tempo, racional, instintiva e emocional. A racionalidade pura não existe. Caso contrário, as pessoas não tomariam decisões, pois passariam horas e horas e horas analisando e pesando prós e contras. Essa racionalidade pura que a economia ortodoxa pregava, e que as pessoas acreditam que os compradores e investidores têm, é impossível. Esses indivíduos erram e acertam por tentativa e muito por instinto e risco também, como todo ser humano.

Não há compra puramente racional. Amizade e conhecimento funcionam muito em momentos de depleção cognitiva do cronotipo. Os novos produtos e marcas demandam mais atenção do comprador, que deverá entender as vantagens de mudar a marca com que está habituado. Deverá entender as características, as vantagens financeiras, a margem de lucro e outros aspectos que demandam uma atividade mais executiva do cérebro. Os produtos comprados costumeiramente não exigem esforço cognitivo do comprador, representam apenas uma repetição de compra. Aí está a importância das áreas ligadas à emoção.

A MELHOR HORA PARA FECHAR NEGÓCIOS COM NOVOS PRODUTOS:

Leões – das 8h às 12h
Ursos – das 10h às 12h e das 13h às 14h
Lobos – das 19h às 23h

A MELHOR HORA PARA FECHAR NEGÓCIOS COM PRODUTOS COMPRADOS HABITUALMENTE:

Leões – das 14h às 20h
Ursos – das 15h às 22h
Lobos – das 8h às 15h

Dica: a mentira é cortical. Preste atenção ao rosto do comprador ou consumidor. Se você desconfiar que seu interlocutor está mentindo, observe se a sobrancelha dele se move para cima e se ele passa a responsabilidade da decisão para terceiros. Ambos são sinais de que seu cliente está mentindo.

CAPÍTULO 15

A MELHOR HORA PARA O CLIENTE SE LEMBRAR DE VOCÊ

A memória tem uma importância crucial na área de vendas. O cliente se lembrar de você e do seu produto vale ouro no mercado, é como estar presente fisicamente, o que é quase impossível. Há muitos anos, no início das atividades da agência de propaganda que tive, eu era o único colaborador, trabalhava sozinho e fazia o planejamento. As outras tarefas eram terceirizadas, desde a criação até a produção. Era o que chamávamos de "eugência de propaganda". Nesse pique, não conseguia estar com todos os clientes o tempo todo. Assim, com o intuito de que eles não me esquecessem, eu vivia mandando *clippings* (seleção de notícias) sobre a atuação da concorrência. De uma maneira ou de outra, eu me fazia presente o tempo todo para o cliente, para que ele se lembrasse de mim.

O cliente, comprador ou consumidor deve se lembrar de você no momento chave. O que significa dizer que deve se lembrar: do seu posicionamento, de como você se coloca, da sua postura pessoal como consultor de vendas; do posicionamento do seu produto, serviço ou ideia, ou seja, de como você quer que esse bem de consumo seja percebido pelo indivíduo, dos diferenciais em relação à concorrência e; da sua oferta, que envolve preço e valor para o comprador, investidor ou consumidor. Telefone e endereço já não precisam mais ser lembrados como antigamente porque esta memória já foi transferida para os dispositivos eletrônicos que nos acompanham. E no Google você acha o que quiser em questão de segundos.

Memória envolve emoção, seja por criar um laço com o comprador, consumidor ou investidor ou porque a sua oferta o fará realizar uma compra melhor ou mesmo porque seu interlocutor deseja muito o bem você está oferecendo. Repito: não há racionalidade pura em compra alguma. A memória é guardada e ativada somente por uma emoção forte, seja pelo "prazer" ou pela "dor". Precisa ser marcante de alguma maneira para que seu cliente não jogue fora ou apague da lembrança seu produto, você e sua oferta durante o sono. Observe que fatos e racionalidade não ficam na lembrança, são descartados no sono.

Então, é muito importante você saber que o sono é o responsável pela consolidação da memória, que é nesse período que seu cliente vai fixar sua proposta na mente. Você entende agora por que o ciclo circadiano está ligado à memória? O dia todo seu organismo sofre a pressão para o sono, que acontece à noite e a partir das quatro horas da manhã, a depender do seu cronotipo, e o seu ritmo interno vai faz pressão para a vigília. Vigília e sono se alternam para impulsionar todas as nossas atividades, reger e controlar a liberação de hormônios, responsáveis pela nossa ação, de neurotransmissores, que nos deixam mais calmos ou mais agitados, mais felizes ou mal-humorados, e também fixar ou não as memórias. Esse é mais um motivo para você acreditar que as emoções prevalecem em vendas, e não a tal racionalidade pura. Se não provocar emoção, você não será lembrado. Seja impressionante de dia, crie uma experiência para o comprador, o cliente ou o investidor, que à noite o cérebro se encarrega de colocar você em um lugarzinho muito especial, no hipocampo, onde estão as memórias de longo prazo.

Resumidamente, a memória funciona de acordo com as seguintes etapas:

Aquisição – Acontece no momento em que você encontra o comprador, consumidor ou investidor;

Consolidação – Esta parte acontece no sono, quando tudo o que o indivíduo viveu de importante se fixa na memória de longo prazo;

Lembrança – Quando o indivíduo que você visitou, para quem ligou ou mandou um e-mail, tem uma necessidade e lembra de alguém ou algo que possa satisfazê-la.

A aquisição depende de quanto o indivíduo está descansado, pois, quando exaustos, pouco nos lembramos das coisas. A consolidação existe para preservar e proteger o novo conhecimento adquirido durante o dia e depende do bom sono e do impacto causado no indivíduo, pois fatos insignificantes não permanecem na memória de longo prazo, o que é vital. E a lembrança depende do quanto você foi inesquecível, importante e relevante para a vida do comprador, do consumidor ou do investidor.

Achar que dormir é perda de tempo é um mito impressionante. Um absurdo e uma ignorância. A sociedade do trabalho criou essa ideia para fazer as pessoas trabalharem cada vez mais. O sono é reparador, limpa o cérebro, jogando fora o que não interessa e consolidando a memória, ou seja, tudo o que foi importante para sua sobrevivência.

Todas as fortes emoções, sejam boas ou ruins, ficarão gravadas para sempre em sua memória de longo prazo. Aprendizado precisa de sono, criatividade precisa de sono, disposição e ânimo precisam de sono, alerta e foco dependem de um bom sono.

Acreditar que não precisamos tanto de sono é um traço cultural e se apresenta de maneira contundente nas culturas ocidentais. O sono é funcional e vital à vigília. Sem ele, cansamos. Se a falta de sono persiste, adoecemos.

A memória é consolidada durante as primeiras fases do sono, de ondas lentas. Nessa etapa, as conexões neurais são reforçadas no hipocampo e no córtex, que, por sua vez, configuram e estabilizam a memória.

Experiências pessoais acontecidas durante o dia se consolidam à noite. Assim, depois de uma noite bem-dormida, recordamos muito melhor o que aprendemos durante o dia, durante a vigília. E não por causa do repouso, mas, em grande parte, por causa do processo ativo que acontece durante o sono.

Seu cérebro não para de funcionar quando dorme, muito pelo contrário. Processos importantíssimos para o dia seguinte acontecem durante o sono. Lembre-se de que uma *sesta* ou curtas sonecas diurnas também ajudam a consolidar a memória.

O mais incrível é que a memória de longo prazo tem uma ação bem diferente das outras atividades que vimos até então. Independentemente do gasto de energia, a memória está ligada à dissipação completa da inércia do sono e, portanto, se consolida melhor durante a tarde. Observe que é mais fácil puxar a memória de um acontecimento quando se está bem desperto ao longo do dia, pois é preciso que o cérebro esteja aquecido, a todo vapor.

No entanto, fique atento para não estender um encontro para o fim do dia, principalmente com os **Leões** e os **Ursos**, porque a pressão homeostática nos empurra para o sono, que começa a se acumular. A propensão para o sono baseada no ciclo homeostático está em seu nível mais alto durante as primeiras horas da noite e atinge seu mínimo durante o início da manhã.

MELHOR HORA PARA AQUISIÇÃO DA MEMÓRIA:

Leão – das 8h às 12h
Urso – das 10h às 14h
Lobo – das 17h às 23h

MELHOR HORA PARA CONSOLIDAÇÃO DA MEMÓRIA:

    Leão – das 3h30 às 5h30
    Urso – das 4h às 7h
    Lobo – das 5h às 7h

MELHOR HORA PARA LEMBRANÇA:

    Leão – às 14h
    Urso – às 16h
    Lobo – às 18h

CAPÍTULO 16

A MELHOR HORA PARA ESTIMULAR UMA COMPRA POR IMPULSO

A compra por impulso é aquela realizada sem muito esforço cognitivo e sem que o consumidor pare e pense no preço, nas qualidades e nas características do produto, do serviço ou da ideia. Produtos comprados rapidamente sem qualquer planejamento são o objeto das compras por impulso. Esses itens não fazem parte da lista de compras do consumidor, e não são necessariamente baratos. Então, essas compras acontecem em função da necessidade despertada instantaneamente.

Clientes não são tão racionais nem têm tanto livre arbítrio em seu comportamento de decisão de compra como imaginamos. O cérebro humano capta e processa 11 milhões de *bits* de informação por segundo, mas só temos consciência de 40 *bits* por segundo. Isso significa que a racionalidade do seu cliente ou *prospect* é subjugada quando ele entra em uma loja, livraria, show, supermercado ou seu ponto de venda, por exemplo. A pessoa que compra por impulso foi provocada em seus sentidos por algo no ponto de venda ou no produto. O cliente possivelmente nem precisa do produto. O impulso pode ser visto como o grande responsável por compras imediatistas.

Merchandising e treinamento da equipe são fundamentais para elevar as vendas, mas o cronotipo do indivíduo também é importante. Não existem somente produtos que favorecem o impulso, existem também horários que favorecem a venda de qualquer coisa seja barata ou cara. Basta ter o *timing* biológico do cliente, que pode ser descoberto com uma simples consulta às suas redes sociais. Sempre postamos em horários de pico biológico, em nosso tempo ótimo, de alta energia e muita disposição. A resposta de como o cronotipo do consumidor pode ajudar em uma compra por impulso é simples.

Conforme o dia avança, as energias vão se esgotando e acontece a depleção cognitiva. Quanto menos energia o consumidor tiver, maior será sua propensão para efetuar uma compra sem usar toda a sua capacidade cognitiva. É como se o córtex do cliente deixasse tudo por conta do reptiliano (instintivo) e do límbico (emocional). Quanto maior a depleção, maior será a atividade automática, sem raciocínio lógico, sem muita matemática, sem reflexão sobre custo-benefício. Aí entram os vieses cognitivos, ou atalhos, na tomada de decisão, a que o cérebro recorre para não gastar energia demais, pois está esgotado, com nível muito baixo de energia. Nesse contexto, esses vieses acabam distorcendo, ou, no mínimo, limitando, a capacidade do consumidor de tomar decisões racionais. Esses erros são resultado de uma resposta incompleta, que não permite que a decisão tomada seja ótima, razoável, racional, mas, sim, impulsiva.

Decisões são tomadas com base na forma como a escolha é enquadrada. Chamamos isso de "efeito de enquadramento", um conceito bem conhecido e que significa que é provável que você tome uma decisão baseando-se na maneira como as opções disponíveis para escolha lhe são apresentadas.

Quando as pessoas estão no pico de energia alta, deixam de lado a reatividade emocional e escolhem não correrem riscos. Mas quando estão no pico de energia baixa, escolhem correr altos riscos emocionais.

Sendo assim, o autocontrole do indivíduo é assaltado, é prejudicado, quando a energia para a atividade mental está baixa. Nesse ponto, entram os instintos e as emoções, subjugando a racionalidade. Então, surgem aqueles momentos de "Ah! Vou comprar, eu mereço. Trabalhei tanto! É para isso que dou duro o dia todo!". É quando estão nesse estado de depleção do ego, com a capacidade de autocontrole prejudicada, que as pessoas vão se recompensar por um dia de trabalho árduo, cansativo e esgotante.

Uma tarefa cognitivamente esgotante, que exige autocontrole, pode ter um efeito prejudicial sobre uma tarefa posterior de autocontrole, mesmo que as duas não estejam aparentemente relacionadas, como trabalhar o dia todo, sentir-se esgotado e sair para comprar algo ou ir ao supermercado, à padaria, à livraria. O consumidor certamente vai fazer uma compra por impulso. Para aproveitar esse momento do consumidor, basta você saber como provocá-lo. Não precisa ser com o preço, por exemplo, provoque os cinco sentidos do cliente. A depleção do ego é, portanto, um tema fundamental no processo da compra por impulso e se dá em função do ritmo circadiano das pessoas. Mas você também precisa ficar atento ao cronotipo, porque o esgotamento mental tem seu tempo diferente em cada um deles.

Os **Leões** terão seu esgotamento mental no final do dia, mais especificamente a partir das três da tarde. Nesse ponto, já não estão mais analíticos, perdem essa capacidade porque a mente cansada começa a vaguear e perde o vigor tão necessário para o autocontrole. Com a mente dispersa, vão prevalecer os comportamentos automáticos. Por isso, provoque os sentidos desses consumidores, que vão reagir instantaneamente e sem muita resistência.

Os **Ursos** entrarão nesse estágio um pouco mais tarde, por volta das seis ou sete da noite, porque seguem o horário social — ou melhor, o horário social o segue. Há o que chamamos de sincronia rítmica entre o meio interno e o ambiente externo. A partir desse momento, os **Ursos**, que correspondem a cerca de 65% da população, entram em estado de esgotamento mental, cujo auge acontece em torno das nove da noite, a tempo de pegar um shopping ainda aberto. Loja de conveniência no final do dia, como as *express* que encontramos em grandes galerias de São Paulo ou as que estão instaladas nos postos de gasolina, são locais excelentes para pegar os **Ursos** saindo do trabalho. Momento em que seu esgotamento cognitivo está se iniciando. Os **Lobos** vão entrar em esgotamento mental no final da noite, por volta das onze horas. Como as lojas físicas não estão abertas, essa é uma grande oportunidade para provocar um **Lobo** a fim de concretizar uma venda sua pela internet. Um e-mail bem feito, rápido, ou um anúncio em uma rede social, sem rodeios, vão impelir um **Lobo** à ação. Grande momento para você trazê-los para a sua loja virtual. Serão ótimos compradores virtuais por impulso.

E o que acontece pela manhã? O **Lobo**, por exemplo, não está com baixos níveis de energia, seu cérebro não está esgotado. Mas, porque são acordados antes do momento ideal, o **Lobo** estará sob efeitos de confusão mental e não de esgotamento cognitivo. Observe que o consumidor **Lobo** não é inverso do **Leão**. Um **Leão** entrará em esgotamento mental no final do dia. No começo do dia, o **Leão** está mais para mal-humorado e impaciente do que para impulsivo.

MELHOR HORA PARA PROVOCAR A COMPRA POR IMPULSO:

Para o **Leão** – a partir das 15h
Para o **Urso** – a partir das 18h
Para o **Lobo** – a partir das 22h

MELHOR HORA PARA UMA VENDA QUE EXIJA MAIOR RACIONALIDADE:

Para o **Leão** – das 6h às 11h
Para o **Urso** – das 15h às 19h
Para o **Lobo** – das 17h às 0h

Dica: provoque o reptiliano (use os sentidos, mostre valor para a sobrevivência e/ou para reprodução de maneira subliminar), acrescente emoção à venda para cutucar o sistema límbico (estimula a produção de ocitocina, provoque a liberação de dopamina) e dê de presente uma justificativa para o córtex achar que tomou a melhor decisão.

CAPÍTULO 17

A MELHOR HORA PARA POSTAR CONTEÚDO

O nosso cérebro tem medo da incerteza, de perder alguma informação importante, desde quando nos era vital saber onde estavam as presas e onde se escondiam os predadores. Informação, que nos ajuda a ter certeza ou pelo menos a nos aproximar dela, dá tanto prazer quanto o consumo de drogas, comida e sexo. E, por isso, o marketing de conteúdo, que vem crescendo avassaladoramente junto com o fenômeno das redes sociais, funciona muito bem.

Estamos descobrindo que nas redes sociais, seja por meio de vídeo ou textos, o que funciona não é mais o marketing tradicional, com anúncios que interrompem a atividade do espectador, intrusivos e, muitas vezes, inoportunos. Está acabando o formato de propaganda "goela abaixo" ou "vai ter que ver". Foi inaugurado o que está sendo nomeado como *social selling*, um método moderno de usar as redes sociais para buscar, entender, encontrar e se conectar com possíveis clientes e, a partir de então, construir relacionamentos que possam gerar novos negócios e também repetidas vendas. O *social selling* é feito por meio do marketing de conteúdo: mostre o que você tem, do que seu produto, serviço ou ideia é capaz, e eu vejo se me interessa e se quero comprar.

Assim como mandar um e-mail ou telefonar, a postagem de conteúdos segue a mesma indicação: deve-se entender o horário de pico ou de grande energia do seu público-alvo. Aqui não é possível customizar ou personalizar a abordagem. Portanto, a informação tem que ser nova, inédita e relevante para surtir efeito. Tem que ser um tipo de informação que as pessoas queiram e precisem, caso contrário, sua postagem acabará entre as não lidas.

O marketing de conteúdo exige um pré-teste para descobrir o melhor horário para postar. Pré-testes realizados em vários momentos atingem toda a gama de cronotipos em situações diversas. Organize os dias para postar no começo da manhã, no meio do dia e também no final da tarde e começo da noite.

Lembre-se que o *social selling* não é uma venda imediata, mas uma construção do seu *branding*, da sua imagem, do seu posicionamento. Se gostar do que você disser e ainda perceber utilidade no seu bem de consumo, o comprador vai procurar você na rede até encontrar. Se seu conteúdo for irrelevante ou não tiver utilidade nem urgência, não há outros meios de atrair esse comprador para a sua marca e o seu produto. Hoje, mais do que nunca, é preciso entender a "dor" do cliente, isto é, o que lhe falta, e ter conteúdo, muito conteúdo, que se renove, porque a velocidade da disseminação de informação é também brutal e pode fazer você engolir poeira.

Posts curtos, por exemplo, demandam maior criatividade no título para atingir também indivíduos entrando em depleção cognitiva, porque esse tipo de mensagem não vai exigir esforço mental do leitor. Nesse caso, o título é muito importante principalmente para alcançar um cérebro que está divagando à procura de nada. Então, seja surpreendente e cativante e fale o menos possível. Se o post for um artigo, algo denso que não só introduza como explique uma ideia, vai atingir somente pessoas que estejam em seu momento ótimo, que é começo da manhã para **Leões**, o meio da manhã para **Ursos** e o final do dia e começo da noite para **Lobos**.

Nos dois casos, você vai precisar da atenção e do engajamento emocional do cliente em potencial. No post curto e criativo, você não precisa de alguém focado. Mesmo que esteja em seu pico de energia cognitiva baixa, o indivíduo manterá a atenção na sua mensagem por poucos segundos. Então, seja breve e certeiro.

Já com o artigo, você deve usar horários diversos, buscando o foco de cada grupo. O foco está ligado ao pico de energia máxima e acontece em apenas uma pequena janela do dia, o momento em que o indivíduo canalizará toda a sua atenção para você, mesmo com as distrações ao seu redor.

Os artigos mais longos envolvem o processo de leitura, que demanda o pico de energia alta do indivíduo. Ler é uma tarefa muito complexa porque são várias as ações inerentes ao processo de leitura: ativação do lobo temporal, responsável pela consciência fonológica e sons de decodificação e discriminação; requisição da atuação do lobo frontal, que lida com a produção de fala, fluidez de leitura e uso gramatical, possibilitando a compreensão de gramática simples e complexa em nossa língua nativa; e ativação também dos giros angular e supramarginal, que servem como "integradores de leitura", um tipo de maestro, ligando as diferentes partes do cérebro para executar o ato da leitura. Essas áreas do cérebro ligam as letras "g", "a", "t" e "o" para formar a palavra gato e nos possibilitar a leitura.

Toda essa atividade cerebral gasta energia, o que não é desejável quando se tem pouca circulando no organismo e no cérebro. Assim, textos maiores, mais esclarecedores, são muito necessários para informações sobre o bem de consumo, mas devem ser postados em horários diferentes para cronotipos diversos, que têm seus tempos ótimos em horários variados. Se um **Leão** estiver em estado de depleção cognitiva não vai sequer abrir o seu texto.

O mesmo acontece com os outros, o **Lobo** e o **Urso**. Lembre-se de que os cronotipos podem estar em momentos diferentes, mas podem ser atingidos no mesmo horário. Daí a importância também de, além de um texto logo para um cronotipo, postar um bom e atrativo resumo do mesmo texto para outro cronotipo.

A MELHOR HORA PARA POSTAR CONTEÚDO PARA POSTS CURTOS E CRIATIVOS (HORÁRIO DE PICOS DE ENERGIA ALTA E BAIXA):

Leão – das 7h30 às 12h e das 15h às 17h
Urso – das 8h às 12h e das 14h às 18h
Lobo – das 8h às 12h e das 17h às 23h

PARA POSTS LONGOS E EXPLICATIVOS (SOMENTE EM HORÁRIO DE PICO DE ENERGIA ALTA):

Leão – das 7h30 às 12h
Urso – das 8h às 14h
Lobo – das 17h às 23h

CAPÍTULO 18

A MELHOR HORA PARA FAZER UMA APRESENTAÇÃO

Como tudo na vida, fazer uma apresentação de vendas tem sua hora, que, na verdade, é o momento em que há maior disposição cognitiva ou mental do indivíduo a quem queremos persuadir. Vamos precisar de muita atenção e pouca distração nesse cenário, o que convenhamos é uma das tarefas mais difíceis que existe.

Uma pesquisa da Microsoft feita com duas mil pessoas no Canadá apontou que a capacidade de sustentar a atenção em face à distração caiu para oito segundos em 2015, sendo que era de 12 segundos no ano 2000. Isso significa que a capacidade de as pessoas manterem a atenção diminuiu em cerca de 30% em 15 anos com as novas tecnologias e os aplicativos e redes sociais. Não estou falando de mudança cultural ou social, que são rápidas, mas, sim, de mudanças biológicas, considerando que dão ato de sustentar a atenção envolve o cérebro e toda a sua fisiologia.

Estudos apontam que a mera presença de um aparelho celular é uma distração, mesmo que não seja o seu. Somos tão suscetíveis a esses dispositivos que nos distraímos apenas com a noção de que os temos. A simples presença de um celular, mesmo que desligado, tem um impacto negativo na qualidade das comunicações presenciais. Ficar com o celular na mão em uma reunião ou encontro de negócios reduz as chances de seu interlocutor ser empático com você. Quando você estiver em uma situação presencial de trabalho, apresentando um projeto, por exemplo, seu celular deve ficar desligado e guardado, fora dos olhos do comprador, investidor ou consumidor.

A distração e a perda de foco ameaçam a sua venda porque o cérebro do seu cliente é preparado para ficar atento a tudo ao redor. Lembre-se de que o acesso a uma informação nova traz uma sensação de prazer, e é isso que as pessoas buscam quando ficam ligadas no seu entorno. A atenção periférica desempenhou um papel importante quando nossos ancestrais precisavam estar preparados para dar uma resposta rápida de luta ou fuga diante de um perigo eminente, mas, hoje, essa função cerebral gera consequências negativas, como a distração.

Atenção é o que você usa para dissipar a distração com o intuito de se concentrar em tudo o que você precisa focar. Você está usando a atenção para ler este livro, por exemplo. Então, é capaz de controlar e manter essa ação, mas também é fortemente influenciado pelo mundo ao seu redor, o que o encoraja a se concentrar em estímulos novos e diferentes. Às vezes, ser encorajado a mudar o foco pode ser bom, mas também pode impedir que você complete as tarefas. Atenção é exatamente o que você precisa do seu cliente ou possível cliente no momento de uma apresentação da sua empresa e do seu produto.

Conquistar a atenção seletiva de alguém não é algo simples e você precisa que aconteçam dois processos físicos. O primeiro processo significa ter a atenção do cliente, e o segundo, tão importante para o fechamento de uma venda, significa manter a atenção e convencê-lo.

O *Acoplamento neural*, ou seja, a sincronização entre produção e compreensão através dos cérebros durante a comunicação verbal natural.

E o *Arrastamento neural*, que é o ajuste temporal de um ritmo por outro ritmo. Mais comumente, refere-se ao processo de ajuste temporal de organismos a ciclos ambientais (como sincronização do ritmo da temperatura central com o claro/escuro no ciclo circadiano). Diz-se que um ritmo está *arrastado* quando mantém relações estáveis com o ciclo arrastador.

Por mais que as Ciências Sociais e os livros sobre a área de vendas estruturem e o apresentem vários passos para uma boa apresentação, a Biologia mostra que são necessárias apenas duas etapas estruturais: acoplamento e arrastamento neural. Atraia a atenção e a mantenha por toda a sua apresentação, estimulando a ativação cerebral do comprador o tempo todo e excitando-o para evitar que ele se distraia por qualquer motivo.

Temos orgulho da nossa capacidade de executar várias tarefas ao mesmo tempo. Achamos o máximo ter um cérebro multitarefa, mesmo que os e-mails sejam enviados com erros, que estejamos um pouco desatentos durante aquela reunião ou na conversa em um almoço de negócios.

Até que chega a nossa vez de apresentar um bem de consumo para um comprador e não recebemos a devida ou esperada atenção. Neurocientistas descobrem, demonstram e explicam sistematicamente que nossos cérebros não são construídos para a multitarefa, e que esse perfil só contribui para um processo de distração e perda de atenção mais veloz.

Quer você aceite ou não, somos cognitivamente limitados em nossa capacidade de prestar atenção. Nós não somos, de forma alguma, multitarefa, apenas alternamos rapidamente as tarefas que se apresentam. Distrações e interrupções, muitas vezes relacionadas à tecnologia, são tratadas como uma interferência.

Mesmo sem qualquer tipo de alerta, decidimos que "devemos" imediatamente verificar e-mails, mensagens de texto e nossas redes sociais, provocando uma perda de concentração. Ainda que não tenhamos qualquer tipo de dispositivos móveis por perto ou outra distração tecnológica, pesa o fato de que a nossa capacidade de concentração é extremamente limitada.

Não conseguimos ficar focados e atentos por muito tempo por conta nosso ciclo ultradiano, que recomenda períodos de 90 a 120 minutos de concentração intercalados com períodos de 20 minutos de descanso para um bom desempenho na tarefa.

O conhecimento do ciclo circadiano e dos cronotipos é essencial para que você saiba, pelo menos, qual o horário mais propício para fazer uma apresentação para cada tipo de cliente. Sem esse conhecimento, você já começa errando porque, com os níveis de energia baixos, o cliente fica mais distraído e seu cérebro divaga, propenso a prestar atenção a toda informação que apareça no momento da sua apresentação.

Observe, no entanto, que este conhecimento não garante o sucesso, garante apenas a predisposição do seu interlocutor para ouvi-lo atentamente. Portanto, monte uma apresentação breve e interessante.

Antes de marcar a apresentação, procure saber se o seu cliente é um **Leão**, um **Urso** ou um **Lobo**. Essa informação trará vantagens enormes no processo de uma venda de sucesso.

Logo mais adiante neste capítulo, estão os melhores horários para que a sua apresentação garanta, no mínimo, a atenção e o foco do seu cliente ou comprador. Se a plateia dessa apresentação for um grupo, tente descobrir nas redes sociais qual o cronotipo dos membros, mas concentre-se em identificar o cronotipo da pessoa que mais importa, que é aquela que realmente tem o poder de tomar a decisão final de compra.

Se a maioria das pessoas for de **Ursos** e **Leões**, tente marcar o encontro pela manhã para aumentar suas chances de sucesso; se a maioria for de **Ursos** e **Lobos**, marque a apresentação no final da tarde, porque os **Ursos** estarão ainda com alguma energia e os **Lobos**, no pique todo.

A MELHOR HORA PARA APRESENTAÇÃO:
   Leão – das 10h às 12h
   Urso – das 13h às 15h* (das 16h às 19h)
   Lobo – das 17h às 21h

*Observação: alguns estudiosos recomendam o horário das 13h às 15h para os **Ursos**, mas tenho a clara convicção de que este não é o melhor período para esse tipo de cliente. Por termos um sono monofásico, isso é, acontece inteiramente à noite, sofremos o chamado declínio pós-prandial (do latim *prandium*, "refeição") do estado de alerta.

A sociedade moderna nos afastou do sono bifásico — apenas algumas poucas culturas mantiveram o hábito da *sesta* pós-almoço, por exemplo —, mas o nosso código genético reativa esta pausa toda tarde.

O padrão de sono bifásico é comprovadamente biológico, encontrado ainda em tribos de caçadores-coletores espalhados pelo mundo, cujo modo de vida mudou quase nada nos últimos milhares de anos.

Mesmo que você acredite ter plena atenção depois do almoço, isso não acontece nem com você nem com seu cliente; é apenas uma impressão. Assim, recomendo o período anterior ao meio-dia ou posterior ao declínio pós-prandial como a melhor hora para apresentações.

Apresentações para clientes ou *prospects* devem ser feitas a partir das quatro da tarde. Se precisar de atenção plena, evite os momentos de declínio de atenção pulando horários pós almoço, evite o horário do meio da tarde.

Dica: 20 minutos é um tempo bom para que você mantenha a atenção do seu interlocutor. É um tempo que o cérebro se mantém focado com tranquilidade. Esta é uma média, e não uma regra.

CAPÍTULO 19

A MELHOR HORA PARA TRABALHAR

Em toda e qualquer seleção de vendedores, atendentes de loja ou consultores de vendas deve-se, obrigatoriamente, levar em conta o cronotipo do candidato para que se escolha alguém muito bem-disposto para atender, prospectar e convencer clientes. Infelizmente, não é isso que acontece. As contratações são feitas baseadas nas qualidades laborais do candidato sem observar se o horário de trabalho da empresa coincide ou sincroniza com o horário de disposição do futuro colaborador.

É importante frisar que durante picos críticos de energia baixa esse novo trabalhador em pouco ou nada vai colaborar, por mais que se esforce. A sincronização entre ritmo biológico e ritmo do trabalho é fundamental para impedir o *jet lag* social.

Imagine um garçom do cronotipo **Leão**, que acorda entre cinco e seis da manhã, que foi contratado para trabalhar no horário noturno de um restaurante. O profissional pode ser excelente, estar predisposição para o trabalho e se comprometer a dar o seu máximo, mas será sempre o máximo do mínimo, porque sua energia já terá se esgotado quando seu turno começar. Boa vontade pode não faltar, o que vai faltar mesmo é energia cognitiva, um cérebro atento, focado e com altos níveis de bom humor.

O mesmo vale para o vendedor varejista, o divulgador de laboratório, o vendedor da indústria de alimentos e qualquer outro colaborador em qualquer área. Em qualquer campo de atuação em que haja contato com clientes ou compradores é preciso que a vontade do consumidor coincida com a boa vontade do vendedor ou consultor. O vendedor precisa estar em seu tempo ótimo, em seu momento ideal de capacidade cognitiva, o que significa que seu tempo interno deve estar sincronizado com o tempo do trabalho.

O momento do dia modula a performance das pessoas no trabalho porque afeta diretamente a tarefas cognitivas, como a capacidade de atenção, o funcionamento executivo e a memória. Essas três funções são necessárias tanto para que o vendedor esteja atento às reações do comprador ou consumidor como para que estes interlocutores estejam atentos às propostas de venda, à explicação sobre os novos produtos e serviços e suas vantagens.

Apresentações técnicas, por exemplo, ou reuniões de consultoria que demandam explicações mais detalhadas, vão exigir muito dessas atividades cerebrais. O vendedor precisa saber exatamente o que está dizendo e ficar muito atento a todas as objeções que vão surgindo ao seu discurso. Já clientes ou possíveis clientes precisam compreender o que se está comprando, as vantagens e os benefícios. Um propagandista de laboratório ou divulgador científico, cujo trabalho é explicar todos os princípios e os efeitos de um novo medicamento, precisa estar em seu tempo ótimo ou próximo disso e manter seu interlocutor médico atento, focado, com o cérebro executivo (lobos frontais) funcionando a todo vapor, para que ele se lembre do seu produto, do seu medicamento, quando fizer uma prescrição no futuro.

A flutuação da performance está diretamente ligada ao cronotipo, que denuncia as diferenças pessoais nos momentos do dia. Fundamentalmente, os períodos entre os picos de qualidade da performance cognitiva executiva são propícios à vagância cognitiva devido ao esgotamento energético do organismo e do cérebro também. Assim, se o desempenho em uma tarefa é particularmente sensível aos efeitos do horário do dia e ao cronotipo da pessoa, é possível convencer o comprador ou o consumidor observando se o momento da abordagem está favorável ou não para atividades de venda e compra, que, por sua vez, estão ligadas aos três aspectos cognitivos já citados. As relações entre as variações diurnas cíclicas dos organismos e o funcionamento cognitivo ou neurocomportamental geram a predisposição para receber abordagens de vendas.

Portanto, é necessário que os departamentos de Recursos Humanos ou de Talentos estejam atentos à sincronização do ritmo interno e biológico do colaborador e seu ritmo e tempo de trabalho para que não haja erros. Muitas vezes, tem-se a impressão de que o colaborador é preguiçoso ou que está de má vontade, mas pode acontecer de o indivíduo ter sido contratado para trabalhar no período errado, invertido, eu diria. Sem sincronização entre os tempos internos e os tempos externos não há disposição, não há humor, não há atenção nem foco e muito menos capacidade cognitiva plena. Isso não é culpa do trabalhador. A responsabilidade de conhecer o cronotipo dos seus colaboradores é do empregador. Quando a sincronização perfeita entre o tempo interno ótimo e o tempo externo acontece, certamente a produtividade aumenta exponencialmente, porque o processo de sincornização é biológico e o organismo todo, inclusive o cérebro, estarão trabalhando a todo vapor e com muita disposição.

O cérebro e o organismo de qualquer trabalhador precisam estar em sincronia com o ambiente. Somos seres circadianos que precisam perceber quando é dia e quando é noite, precisam sentir a passagem do tempo, senão a produtividade entra em queda.

Esses aspectos são essenciais para aqueles que trabalham em lugares fechados, sem janelas, para os vendedores internos, pós-vendas ou telemarketing, por exemplo, que não veem o tempo lá fora. Colaboradores com essa rotina de trabalho sentem desconforto, cansaço, fadiga, mente esgotada, além de outros sinais. Por isso, recomendo que, a cada três horas, coincidindo com o ciclo ultradiano de concentração e descanso, o colaborador dê uma volta em um ambiente aberto ou onde seus olhos possam ter contato com a luz circadiana do dia.

MELHOR HORÁRIO PARA TRABALHAR:

Leão – das 6h às 15h
Urso – das 8h às 17h
Lobo – das 12h às 21h

MELHOR HORÁRIO DE PICO COGNITIVO:

Leão – das 8h às 10h
Urso – das 10h às 12h
Lobo – das 19h às 21h

Dica: a cada três horas de trabalho, dê 20 minutos de folga para o seu colaborador que atua em ambiente fechado. Isso o ajudará a sincronizar seu organismo e seu cérebro com o tempo, e o fará se sentir melhor.

REFERÊNCIAS BIBLIOGRÁFICAS

AMIR, S. and STEWART, J. **Behavioral and hormonal regulation of expression of the clock protein, PER2, in the central extended amygdala.** Progress in Neuro-Psychopharmacology & Biological Psychiatry, vol. 33, pp. 1321-1328, 2009.

AMIR, S. and STEWART, J. **Conditioned fear suppresses lightinduced resetting of the circadian clock.** Neuroscience, vol. 86, pp. 345-351, 1998.

BADIA, P., MYERS, B., BOECKER, M., CULPEPPER, J., HARSH, J.R.. **Bright light effects on body temperature, alertness, EEG and behavior.** Physiol Behav (1991) 50:583-8. DOI:10.1016/0031-9384(91)90549-4.

BEDROSIAN, T.A., NELSON, R.J. **Timing of light exposure affects mood and brain circuits.** Transl Psychiatry (2017) 7:e1017. DOI:10.1038/tp.2016.262.

BEDROSIAN, T.A., VAUGHN, C.A., GALAN, A., DAYE, G., WEIL, Z.M., NELSON, R.J. **Nocturnal light exposure impairs affective responses in a wavelength-dependent manner.** J Neurosci (2013) 33:13081-7. DOI:10.1523/JNEUROSCI.5734-12.2013.

BEDROSIAN, T.A.; NELSON, R.J. The **influence of light on mood and emotion.** Molecular Psychiatry (2013) 18, 751-757; DOI:10.1038/mp.2013.70; publicado online em 28/05/2013.

BOYCE, R., GLASGOW, S. D., WILLIAMS, S. and ADAMANTIDIS, A. **Causal evidence for the role of REM sleep theta rhythm in contextual memory consolidation.** Science, vol. 352, pp. 812-816, 2016.

BREUS, M. **The power of when: discover your chronotype – and the best time to eat lunch**. Ask for a Raise, Have sex, Write a Novel, take your meals and more. USA: Mindworks, 2017.

BUIJS, R.M., WORTEL, J., VAN HEERIKHUIZE, J.J., FEENSTRA, M.G., TER HORST, G.J., ROMIJN, H.J. *et al*. **Anatomical and functional demonstration of a multisynaptic suprachiasmatic nucleus adrenal (cortex) pathway**. Eur J Neurosci (1999) 11:1535-44. DOI:10.1046/j.1460-9568.1999.00575.

CAJOCHEN, C., KRÄUCHI, K., DANILENKO, K.V., WIRZ-JUSTICE, A. **Evening administration of melatonin and bright light:** interactions on the EEG during sleep and wakefulness. J Sleep Res (1998) 7:145-57. DOI:10.1046/j.1365-2869.1998.00106.x.

CHROBAK, A. A.; TERESZKO, A.; DEMBINKA-KRAJEWSKA, D.; ARCISZEWSKA, A.; SIWEK, M.; DUDEK, D. and RYBAKOWSKI, J. 2016. **Morningness-eveningness and affective temperaments assessed by the Temperament Evaluation of Memphis, Pisa and San Diego – Autoquestionnaire (TEMPS-A), Chronobiology International**. DOI: 10.1080/07420528.2016.1236806.

DIBNER, C., SCHIBLER, U., ALBRECHT, U. **The mammalian circadian timing system: organization and coordination of central and peripheral clocks**. Annu Rev Physiol (2010) 72:517-49. DOI:10.1146/annurev-physiol-021909-135821.

DING, J.M., CHEN, D., WEBER, E.T., FAIMAN, L.E., REA, M.A., GILLETTE, M.U. **Resetting the biological clock: mediation of nocturnal circadian shifts by glutamate and NO**. Science (1994) 266:1713-7. DOI:10.1126/science.7527589.

ECKEL-MAHAN, K. L.; PHAN, T.; HAN, S. *et al*. **Circadian oscillation of hippocampal MAPK activity and camp:** implications for memory persistence. Nature Neuroscience, vol. 11, pp. 1074-1082, 2008.

FERNANDEZ, F., LU, D., HA, P. *et al*. **Circadian rhythm:** Dysrhythmia in the suprachiasmatic nucleus inhibits memory processing. Science, vol. 346, no. 6211, pp. 854-857, 2014.

FERNANDEZ, F., LU, D., HA, P., COSTACURTA, P., CHAVEZ, R., HELLER, H.C. *et al*. **Dysrhythmia in the suprachiasmatic nucleus inhibits memory processing**. Science (2014) 346:854-7. DOI:10.1126/science.1259652.

FONKEN, L.K., WORKMAN, J.L., WALTON, J.C., WEIL, Z.M., MORRIS, J.S., HAIM, A. *et al*. **Light at night increases body mass by shifting the time of food intake**. Proc Natl Acad Sci USA (2010) 107:18664-9. DOI:10.1073/pnas.1008734107.

FOSTER, G R. and ROENNEBERG, T. **Human Responses to the Geophysical Daily, Annual and Lunar Cycles.** October 2008. Current Biology 18(17):R784-R794. DOI: 10.1016/j.cub.2008.07.003. Disponível em : https://www.researchgate.net/publication/23251081_Human_Responses_to_the_Geophysical_Daily_Annual_and_Lunar_Cycles. Acesso em 16/06/2017.

FOSTER, G. R. and KREITZMAN, L. **Rhythms of Life:** The Biological Clocks that Control the Daily Lives of Every Living Thing. USA: Yale University Press; Edition Unstated edition. October 10, 2005.

FOSTER, R.G., KREITZMAN, L. **The rhythms of life:** what your body clock means to you! Exp Physiol (2014) 99:599-606. DOI:10.1113/expphysiol.2012.071118.

FOSTER, R.G., WULFF, K. **The rhythm of rest and excess.** Nat Rev Neurosci (2005) 6:407-14. DOI:10.1038/nrn1670.

GAZZALEY, A. and D. ROSEN, L. **The distracted mind:** Ancient brains in a hight-tech. USA: World. MIT Press, 2016.

GOLDER, S. A. ; MACY, M. W. **Diurnal and Seasonal Mood Vary with Work, Sleep, and Daylength Across Diverse Cultures.** September 2011. Science 333(6051):1878-81. DOI: 10.1126/science.1202775. SourcePubMed.

GOLDSTEIN, D.; HAHN, C.; HASHER, L.; WIPRZYCKA, U. J.; GRONE, B.P., CHANG, D., BOURGIN, P., CAO, V., FERNALD, R.D., HELLER, H.C. *et al.* **Acute light exposure suppresses circadian rhythms in clock gene expression.** J Biol Rhythms (2011) 26:78-81. doi:10.1177/0748730410388404.

HAGEWOUD, R., WHITCOMB, S. N., HEERINGA, A. N., HAVEKES, R., KOOLHAAS, J. M. and MEERLO, P. **A time for learning and a time for sleep:** the effect of sleep deprivation on contextual fear conditioning at different times of the day. Sleep, vol. 33, pp. 1315-1322, 2010.

HALASSA, M.M., FLORIAN, C., FELLIN, T., MUNOZ, J.R., LEE, S.Y., ABEL, T. *et al.* **Astrocytic modulation of sleep homeostasis and cognitive consequences of sleep loss.** Neuron (2009) 61:213-9. doi:10.1016/j.neuron.2008.11.024.

HAMAGUCHI, Y., TAHARA ,Y., HITOSUGI, M., SHIBATA, S. **Impairment of circadian rhythms in peripheral clocks by constant light is partially reversed by scheduled feeding or exercise.** J Biol Rhythms (2015) 30:533-42. doi:10.1177/0748730415609727.

HASTINGS, M.H. **Circadian clocks.** Curr Biol (1997) 7:R670-2. DOI:10.1016/ S0960-9822(06)00350-2.

HASTINGS, M.H., BRANCACCIO, M., MAYWOOD, E.S. **Circadian pacemaking in cells and circuits of the suprachiasmatic nucleus.** J Neuroendocrinol (2014) 26:2-10. DOI:10.1111/jne.12125.

HOTZ-VITATERNA, M.; TAKAHASHI, J. S.; TUREK. F. W. **Overview of Circadian Rhythms.** Fevereiro, 2001. Alcohol research & health: the journal of the National Institute on Alcohol Abuse and Alcoholism 25(2):85-93. SourcePubMed.

HUGHES, S., JAGANNATH, A., HANKINS, M.W., FOSTER, R.G., PEIRSON, S.N. **Photic regulation of clock systems.** Methods Enzymol (2015) 552:125-43. DOI:10.1016/ bs.mie.2014.10.018.

HURLEY, J. M., LOROS, J. J., and DUNLAP, J. C. **Circadian oscillators around the transcription-translation feedback loop an on to output.** Trends in Biochemical Sciences, vol. 41, no. 10, pp. 834-846, 2016.

HUT, R. A. and VAN DER ZEE, E. A.. **The cholinergic system, circadian rhythmicity, and time memory.** Behavioural Brain. Research, vol. 221, pp. 466-480, 2011.

JUNG, C.M., KHALSA, S.B., SCHEER, F.A., CAJOCHEN, C., LOCKLEY, S.W., CZEISLER, C.A. et al. **Acute effects of bright light exposure on cortisol levels.** J Biol Rhythms (2010) 25:208-16. DOI:10.1177/0748730410368413.

KARATSOREOS, I.N., BHAGAT, S., BLOSS, E.B., MORRISON, J.H., McEWEN, B.S. **Disruption of circadian clocks has ramifications for metabolism, brain, and behavior.** Proc Natl Acad Sci USA (2011) 108:1657-62. DOI:10.1073/pnas.1018375108.

KOLLA, B.P., AUGER, R.R. **Jet lag and shift work sleep disorders:** how to help reset the internal clock. Cleve Clin J Med (2011) 78:675-84. DOI:10.3949/ccjm.78a.10083.

KSHIRSAGAR, S. and SEATON, M. D. **Change Your Schedule, Change Your Life:** How to Harness the Power of Clock Genes to Lose Weight, Optimize Your Workout, and Finally Get a Good Night's Sleep. USA: Harper Wave, 2019.

LAMONT, E. W., ROBINSON, B., STEWART, J. and AMIR, S. **The central and basolateral nuclei of the amygdala exhibit opposite diurnal rhythms of expression of the clock protein Period2.** Proceedings of the National Academy of Sciences of the United States of America, vol. 102, pp. 4180-4184, 2005.

LANDGRAF, D.; McCARTHY, M. J. and WELSH, D. K.. **Circadian clock and stress interactions in the molecular biology of psychiatric disorders.** Current Psychiatry Reports, vol. 16, p. 483, 2014.

LARA, T.; MADRID, J. A.; CORREA, A. **Influence of Circadian Typology and Time of Day on Temporal Preparation.** Janeiro, 2013. DOI: 10.1163/22134468-00002012. Project: Temporal Preparation.

LeGATES, T.A., FERNANDEZ, D.C., HATTAR, S. **Light as a central modulator of circadian rhythms, sleep and affect.** Nat Rev Neurosci (2014) 15:443-54. DOI:10.1038/ nrn3743.

LI,Y.; MA, W.; KANG, Q. *et al*. **Night or darkness, which intensifies the feeling of fear?** International Journal of Psychophysiology, vol. 97, pp. 46-57, 2015.

McDONALD, R. J., ZELINSKI, E. L., KEELEY, R. J., SUTHERLAND, D., FEHR, L., and HONG, N. S. **Multiple effects of circadian dysfunction induced by photoperiod shifts:** alterations in context memory and food metabolism in the same subjects. Physiology & Behavior, vol. 118, pp. 14-24, 2013.

MEERLO, P., SGOIFO, A., and TUREK, F. W. **The effects of social defeat and other stressors on the expression of circadian rhythms.** Stress, vol. 5, no. 1, pp. 15-22, 2002.

MEIJER, J.H., MICHEL, S. **Neurophysiological analysis of the suprachiasmatic nucleus:** a challenge at multiple levels. Methods Enzymol (2015) 552:75-102. DOI:10.1016/bs.mie.2014.11.001.

MELO, I. and EHRLICH, I. **Sleep supports cued fear extinction memory consolidation independent of circadian phase.** Neurobiology of Learning and Memory, vol. 132, pp. 9-17, 2016.

Mohawk, J. A., Green, C. B., and Takahashi, J. S. **Central and peripheral circadian clocks in mammals.** Annual Review of Neuroscience, vol. 35, pp. 445-462, 2012.

MORIN, L.P. **Neuroanatomy of the extended circadian rhythm system.** Exp Neurol (2013) 243:4-20. DOI:10.1016/j.expneurol.2012.06.026.

MORIYA, S.; TAHARA, Y.; SASAKI, H.; ISHIGOOKA, J. and SHIBATA, S. **Phase-delay in the light-dark cycle impairs clock gene expression and levels of serotonin, norepinephrine, and their metabolites in the mouse hippocampus and amygdala.** Sleep Medicine, vol. 16, pp. 1352–1359, 2015.

NICOLAIDES, N. C.; CHARMANDARI, E. G.; CHROUSOS, P. and KINO, T. **Circadian endocrine rhythms:** the hypothalamicpituitary-adrenal axis and its actions. Annals of the new York Academy of Sciences, vol. 1318, pp. 71-80, 2014.

OSTER, H., DAMEROW, S., KIESSLING, S., JAKUBCAKOVA, V., ABRAHAM, D., TIAN, J. *et al*. **The circadian rhythm of glucocorticoids is** regulated by a gating mechanism residing in the adrenal cortical clock. Cell Metab (2006) 4:163-73. DOI:10.1016/j.cmet.2006.07.002.

PACE-SCHOTT, E. F., SPENCER, R. M., VIJAYAKUMAR, S. et al. **Extinction of conditioned fear is better learned and recalled in the morning than in the evening**. Journal of Psychiatric Research, vol. 47, pp. 1776-1784, 2013.

PARK, N., CHEON, S., SON, G.H., CHO, S., KIM, K. **Chronic circadian disturbance by a shortened light-dark cycle increases mortality.** Neurobiol Aging (2012) 33:.e11–22. DOI:10.1016/j.neurobiolaging.2011.11.005.

PARTCH, C. L., GREEN, C. B., and TAKAHASHI, J. S. **Molecular architecture of the mammalian circadian clock.** Trends in Cell Biology, vol. 24, no. 2, pp. 90-99, 2014.

RALPH, M.R., FOSTER, R.G., DAVIS, F.C., MENAKER, M. **Transplanted suprachiasmatic nucleus determines circadian period.** Science (1990) 247:975–8. doi:10.1126/ science.2305266.

RAWASHDEH, O., JILG, A., MARONDE, E., FAHRENKRUG,J. and STEHLE, J. H.. **Period1 gates the circadian modulation of memory Neural Plasticity relevant signaling in mouse hippocampus by regulating the nuclear shuttling of the CREB kinase pP90RSK**. Journal of Neurochemistry, vol. 138, pp. 731-745, 2016.

REID, K.J., ABBOTT, S.M. **Jet lag and shift work disorder.** Sleep Med Clin (2015) 10:523-35. DOI:10.1016/j.jsmc.2015.08.006.

ROENNEBERG, T. **Internal Time:** Chronotypes, social jet lag, and why you are so tired. USA: DuMont Buchverlag, 2017.

RUBY, N. F., FERNANDEZ, F., GARRETT, A. et al. **Spatial memory and long-term object recognition are impaired by circadian arrhythmia and restored by the GABAA Antagonist pentylenetetrazole.** PLoS One, vol. 8, article e72433, 2013.

RUBY, N. F., HWANG, C. E., WESSELLS, C. et al. **Hippocampaldependent learning requires a functional circadian system.** Proceedings of the National Academy of Sciences of the United States of America, vol. 105, pp. 15593-15598, 2008.

RUBY, N.F., HWANG, C.E., WESSELLS, C., FERNANDEZ, F., ZHANG, P., SAPOLSKY, R. et al. **Hippocampal-dependent learning requires a functional circadian system.** Proc Natl Acad Sci USA (2008) 105:15593 8. DOI:10.1073/pnas. 0808259105.

SCHIMIDIT, C.; COLLETTE, F.; CHRISTIAN, C. e PEIGNEUX, P. **A time to think:** Circadian rhythms in humancognition. November 2007. Cognitive Neuropsychology 24(7):755-89. DOI: 10.1080/02643290701754158.

SILVER, R. and KRIEGSFELD, L. J. **Circadian rhythms have broad implications for understanding brain and behavior.** The European Journal of Neuroscience, vol. 39, no. 11, pp. 1866-1880, 2014.

TONONI, G., CIRELLI, C. **Sleep and the price of plasticity:** from synaptic and cellular homeostasis to memory consolidation and integration. Neuron (2014) 81:12-34. doi:10.1016/j.neuron.2013.12.025.

TUREK, F.W. **Circadian neural rhythms in mammals.** Annu Rev Physiol (1985) 47:49-64. DOI:10.1146/annurev.ph.47.030185.000405.

VAN DER ZEE, E.; BOERSMA, G. J.; HUT, R. **The neurobiology of circadian rhythms.** In: Current Opinion in Pulmonary Medicine. DOI: 10.1097/MCP.0b013e3283319b29.

VYAZOVSKIY, V.V., WALTON, M.E., PEIRSON, S.N., BANNERMAN, D.M. **Sleep homeostasis, habits and habituation.** Curr Opin Neurobiol (2017) 44:202-11. DOI:10.1016/ j.conb.2017.05.002.

WALKER, M. **Why we sleep:** Unloking the power of Sleep and Dreams. USA: Scribner, 2017.

WANG, L. M., DRAGICH, J. M., KUDO, T. *et al.* **Expression of the circadian clock gene Period2 in the hippocampus:** possible implications for synaptic plasticity and learned behaviour. ASN Neuro, vol. 1, article e00012, 2009.

WARDLAW, S. M., PHAN, T. X., SARAF, A., CHEN, X., and STORM, D. R. **Genetic disruption of the core circadian clock impairs hippocampus-dependent memory.** Learning & Memory, vol. 21, pp. 417-423, 2014.

WEIL, Z. M., NELSON, R. J. **Introduction to the special issue on circadian rhythms in behavioral neuroscience.** Behavioral Neuroscience, Vol 128(3), Jun 2014, 237-239.

WEST, A.C., BECHTOLD, D.A. **The cost of circadian desynchrony:** evidence, insights and open questions. Bioessays (2015) 37:777-88. DOI:10.1002/bies.201400173.

WRIGHT, K.P. Jr., HULL, J.T., CZEISLER, C.A. **Relationship between alertness, performance, and body temperature in humans.** Am J Physiol Regul Integr Comp Physiol (2002) 283:R1370-7. DOI:10.1152/ajpregu.00205.2002.

ZELAZO, P. **Time of Day, Intellectual Performance, and Behavioral Problems in Morning Versus Evening Type Adolescents:** Is There a Synchrony Effect?. Março, 2007. Personality and Individual Differences 42(3):431-440. DOI: 10.1016/j.paid.2006.07.008. SourcePubMed.

ZELINSKI, E.L., DEIBEL, S.H., McDONALD, R.J. **The trouble with circadian clock dysfunction:** multiple deleterious effects on the brain and body. Neurosci Biobehav Rev (2014) 40:80-101. Doi:10.1016/j.neubiorev.2014.01.007.

ZHANG, R., LAHENS, N.F., BALLANCE, H.I., HUGHES, M.E., HOGENESCH, J.B. **A circadian gene expression atlas in mammals:** implications for biology and medicine.

Primeira edição (agosto/2020)
Papel de capa Cartão 250g
Papel de miolo Pólen Bold 70g
Tipografias Chaparral Pro e Montserrat
Gráfica Lis